강물을 건너려거든 물결과 같이 흘러라

강물을 건너려거든
물결과 같이 흘러라

이강엽 지음

랜덤하우스

나이가 든다는 것은 등산과 같다.
오르면 오를수록 숨은 차지만 시야는 점점 넓어진다.

— 잉그마르 베르히만

● 머리말 ●

　내 인생에도 서광이 비친다고 생각했던 적이 있었다. 스무 살 무렵의 일이다. 그때 나는 이렇게 좋아하는 일만 계속할 수 있다면 한평생이 얼마나 행복할까라고 생각했다. 어려움이 없지는 않았지만 그 고비만 넘기면 별일 아니라 여겼으며, 무엇보다 그 정도는 충분히 넘어설 수 있다는 자신감이 충만했다. 그러나 서광이 오전의 빛나는 햇살로 바뀌더니 태양은 어느새 중천을 넘어서고 말았다.
　그렇게 청년기가 끝나갈 무렵, 비록 풋내가 가시지 않은 생각이었지만 나는 인생이 무엇인가에 대해 곰곰 따져 보곤 했다. 그때 마침 어느 회사에서 내게 사보의 고정 칼럼 연재를 제의해 왔고, 바쁜 회사원들의 쉼터가 되면 좋겠다는 취지에 따라 '너럭바위'라는 이름을 달고 글을 써 나갔다. 대체로 글은 신변잡기 부류였으나 내 전공인 고전문학을 아주 비껴갈 수는 없었다. 글재주가 없어 자칫 지루해지기 쉬운 가운데 옛이야기들이 곁들여지면서 글에 생기가 돌았다.

그때 내 나이 서른여섯. 지금 생각하면 그 시절 또한 한창 때였지만 나는 내 인생의 절반을 넘고 있다고 생각했다. 반평생을 지냈다는 생각에 문득 아득한 느낌이 들었는데, 그때 내 마음에 새롭게 들어온 것은 '성숙'이었다. 성장이 끝나면 멈추거나 퇴보하는 것이 아니라 이제부터 본격적인 성숙을 이루어야 한다는 생각이 든 것이다. 그래서 그때부터 옛이야기 가운데 성숙과 관련된 작품들을 모으고 의미를 찾아보기 시작했다.

모름지기 인생의 오후란, 청춘의 열정과는 다른 무엇이 있어야 한다고 생각한다. 융의 지적대로, 인생의 아침에 활짝 피었던 모든 이상과 가치관들이 인생의 정오쯤에는 바뀌게 되는 것이다. 운명을 배반하고 무엇으로든 변신할 수 있다고 믿었던, 저 청춘의 마법을 지나 이제 무엇을 할 수 있을까 생각해 보면 공연히 비감해지기도 한다. 그러나 길이 끝난 곳에서 새로운 길이 시작되는 것이 또한 인생이어서 청춘의 시절과는 또 다른 희망이 솟는 데에 위안을 얻는다.

나는 다행스럽게도 많은 옛이야기를 통해 그런 위안과 희망을 구체화할 수 있었다. 특히 최근 2~3년간 월간 〈좋은생각〉에 연재를 하면서 생각을 다듬는 기회를 가졌다. 두 페이지의 짧은 글이었지만 거기에 담을 만한 짤막한 이야기를 통해서도 깊이 있는 사색을 펼칠 수 있고, 오래전의 옛이야기에서도 현재의 삶을 통찰해낼 수 있다는 것에 희열을 느꼈다. 내가 만난 이야기들에는 청춘의 마법이 끝난 자리에 세월의 선물이 놓이는 감격과, 내가 서 보지 못한 저쪽을 아우르는 지혜와, 지치고 힘들 때 토닥여 주는 온기와, 아프지만 견디고 받아내야 하는 세상살이의 이치와, 막다른 길에서 탈출구를 만나는 행운이 담겨 있었다.

돌아보면 나는 지금껏 너무 많이, 너무 심하게, 너무 자주 다투며 살아왔다. 열심히 산다는 미명 하에 성실히 해낸다는 자부심 하에 그러한 불협화음이 적잖았다. 그러나 그런 궤적 또한 우리 삶에 좋은 자양분일 것을 믿기에 더 편안히 새로운 꿈을 꿀 수 있는지도 모

른다. 지난날 더 빨리 더 많이 성장하기 위해 애써 왔듯이 이제 더 온전히 더 멋지게 성숙하기 위해 노력할 때가 아닌가 한다. 그리고 그런 노력이 비록 힘은 들더라도 자신의 삶을 다독임은 물론 다음 세대의 성장을 도울 수 있다고 생각하면 즐겁고 기쁘다.

모쪼록, 때로는 길이 막혀 답답하기도 하고 때로는 그 덕분에 편안해지기도 하는, 바로 그 순간의 경험과 생각이 이 책에 고스란히 담겨 있기를 바란다. 인생의 오후이거나 가을 어름에 서 있는 모든 이들과 이 이야기들을 함께 나누고 싶다.

이강엽

차
례

물결 하나 세월이 건네준 선물

전병 한 입 15 한량과 기름장수 20 떨어지길 천만다행 25 4대째 내려온 불씨 31
아버지의 안목 35 과연 터줏대감 41

물결 둘 내가 서 있는 곳의 저 편

신지식과 구 경험 47 도사 위에 사냥꾼 53 산 속이나 수궁이나 59
묵은 달력과 볶은 씨앗 65 허망한 꿀, 우스운 꿀 69 이 세상과 저 세상 73 나무꾼의 눈물 77

물결 셋 너도 많이 힘들구나

네 신세가 내 신세 85 송하에 앉은 저 중아 91 슬프다, 황호랑이 97
갈매기 울음 102 원과 한 107 유식한 바보를 위한 변명 111

물결 넷 혜안과 묘수를 찾아서

아버지를 팝시다 123 여덟 모의 구슬 128 걱정을 없애려면 133
피리로 잡은 호랑이 139 쥐며느리의 시아버지 144 흰 볼기 검은 볼기 148
가르칠 만한 사람 153 에둘러 가는 길 158

물결 다섯 내 모습 그대로

쥐 좆도 모른다 165 공자와 아이의 문답 171 궁지에서 벗어나는 비법 175
손가락 한 개의 점괘 181 형설지공 유감 185 양반의 이름값 190 집이 붕하신다 197

물결 여섯 견디고 받아내고

순환의 법칙 205 서른에 시작한 공부 209 머리 허연 늙은 것 214
흑치상지와 말 무덤 218 날지 못하는 것이 한이다 222 마부 탈출 227

물결 일곱 넉넉하게 살아가기

평생 쓰고도 남는 것 235 어찌하리와 좋을시고 239 쌀이면 더 좋고 돌이어도 좋다 243
비단산과 가죽신 250 있지도 않은 사촌 덕분에 255 염라대왕도 못할 일 261

물결 여덟 돌고 도는 이치

가장 멋진 노후 준비 267 묵은 빚과 새 빚 271 두 가지 유언 276
거위 한 마리 살리려고 280 내 고결한 몸으로 286 누군가의 성장을 돕는 일 289
그것이 바로 돌고 도는 이치 295

물결 하나

세월이 건네준 선물

전병 한 입
한량과 기름장수
떨어지길 천만다행
4대째 내려온 불씨
아버지의 안목
과연 터줏대감

전병한 입

　무언가를 자꾸만 먹어도 왠지 모르게 허기질 때가 있다. 그토록 원하던 것을 손에 넣은 뒤에도 마음이 텅 빈 것처럼 허할 때가 있다. 이것저것 많이 먹었지만 속이 든든한 것 같지 않거나 취직만 하면 세상 부러울 게 없을 것 같다가도 막상 첫 월급을 받고 나면 생각이 달라지는 것처럼 말이다. 이왕 허기지는 거라면 2002년 월드컵에서 멋진 승리를 거둔 뒤의 히딩크 감독처럼 "나는 아직도 배가 고프다"라고 말한다면 멋이라도 있으련만 현실은 영 그렇지 못하다.
　채워도 채워지지 않는 데에는 필경 그럴만한 이유가 있을 터, 한창 때는 밥 한 끼쯤 걸러도 거뜬했고 월급은 예전보다 눈에 띄게 늘었음에도 왜 나는 성에 차지 않고 부족하게 느낄까?

어떤 사람이 길을 가는데 몹시 배가 고팠다. 적잖이 먼 길이었으나 준비해 간 음식도 없는 데다 음식을 사 먹을 곳도 마땅치 않았다. 그는 하는 수 없이 배를 움켜쥐며 걷고 또 걸었다. 그러던 중 반갑게도 길가에 있는 전병 장수가 눈에 들어왔다.

"전병 한 개만 얼른 부쳐 주세요."

그는 따뜻한 전병을 하나 받아들고 허겁지겁 먹어치웠다. 그러나 다 먹은 뒤에도 전혀 배가 부르지 않았다.

"전병 한 개만 더 주세요."

한 개를 더 먹었지만 배가 부르지 않기는 마찬가지였다. 결국 그는 전병을 하나 더 사 먹었고, 자꾸 먹다 보니 순식간에 전병 여섯 개를 먹어 치웠다. 그런데도 여전히 신통치 않자 괜스레 화가 났다. '에이, 뭐 이런 전병이 다 있어. 이렇게 많이 먹어도 배가 부르지 않다니!' 그는 짜증을 내며 가던 길을 계속 걸어갔다.

그런데 얼마 가지 않아 길가에 또 다른 전병 장수가 보이는 것이 아닌가. 그는 혹시나 하는 마음에 그곳에서 전병을 또 하나 샀다. 그리고 크게 한 입 베어 무는 순간 이게 웬일, 전병을 더 이상 먹을 수 없을 만큼 배가 불러왔다. 그는 자기 뺨을 때리며 후회했다.

"전병 사 먹는데 이렇게 돈을 마구 써서 어쩐담. 진작 이곳에서 파는 전병을 사 먹었더라면 한 개만 먹어도 배가 불렀을 텐데, 공연히 괜한 곳에서 여섯 개나 사 먹는 바보 짓을 했어!"

정말 바보 같은 사람의 이야기니 그저 한번 웃고 나면 그뿐이지만 사실은 우스개 그 이상이다. 이 이야기는 《백유경(百喩經)》이라는 불교 경전에 실린 이후 여기저기 널리 퍼졌는데 그만큼 많은 사람들이 이런 부류의 어리석음을 범한다는 말이기도 하다.

어떤 남자가 직장에서 해고된 뒤 퇴직금을 털어 카페를 차렸다. 그런데 사업 수완이 부족했는지 쫄딱 망하고 말았다. 그는 낙심했지만 다시 기운을 차리고 이번에는 완구점을 차렸다. 그러나 또 장사가 잘 되지 않아 담보로 잡혔던 집마저 날리고 말았다. 그는 더 이상 물러설 곳이 없다는 각오로 친지들에게 빚을 내서 식당을 차렸다. 다행히 장사가 아주 잘 되어 빚을 갚고도 남을 만큼의 큰돈을 벌었다. 그러나 그는 '진작 식당을 했었더라면…' 하고 후회했다.

이 남자가 처음부터 카페가 아닌 식당을 차렸다면 실패의 아픔 없이 더 빨리 성공할 수 있었을까? 그건 그 누구도 장담하지 못한다. 식당의 성공에는 이전에 여러 장사를 하며 익힌 경험들이 분명 소중히 쓰였을 것이기 때문이다. 우리는 이러한 점들을 간혹 너무 쉽게 간과해 버린다.

사람이 성장하는 것은 어쩌면 식물이 자라는 것과 같을지 모른다. 무슨 식물이든 잘 자라기 위해서는 좋은 씨앗에 적당한 햇빛과 양분이 어우러져야만 한다. 하지만 무엇보다 중요한 것은 식물이 자라는 데 필요한 '시간'이다. 그깟 나이테 하나를 얻기 위해서 사계절을 지내야 하는 것이 바로 식물 아니던가. 물론 알게 모르게 빨리 자라는 비법도 있을 것이고 더러는 일 년 만에 속성으로 크는 종자도 있을 것이다. 주위를 돌아보면 그 마법처럼 수월히 이뤄지는 일을 찾는 데 골몰하는 사람들이 적지 않다. 길거리에 붙은 전단지만 봐도 그렇다. '1개월 완성'이라는 문구가 악기 교습소나 학원 광고에 떡하니 붙어 있다. 세상에 어떤 악기가 한 달 배워서 완성되는 것이 있으며 어떤 공부가 속성으로 쉬 이루어질까.

사람이 전병 한 개로 배부르기는 어렵다. 그러나 전병 여섯 개를 이미 먹어 둔 사람이라면 사정은 다르다. 나와 같은 중년층들이야말로 딱 그런 시기가 아닐까 한다. 전병 한 입을 못 채워서 포만감을 느끼지 못하는 불행한 시기이기도 하지만 한편으로는 전병 한 입만 더 먹으면 마술처럼 배가 불러지는 시기이기도 한 것이다.

어느 분야든 일정한 양이 투입되어야 비로소 질적인 전환이 이루어진다. 99도의 물이 1도가 부족해 끓지 못하다가도 1도의 열을 가하는 순간 액체가 기체가 되는 비약과 함께 대전환이 이루어지는 것처럼 말이다. 적어도 한 가지 일을 십여 년 이상 열심히 해왔다면 지금이 바로 그 전환의 경계선일 가능성이 높다.

마법은 동화 속에만 있는 것이 아니라 정말이지 우리 일상 속에도 있다. "만족은 우리의 마음이 주위 환경에 지배되지 않는 데서 생긴다"라는 말이 있는데 이 말을 뒤집으면 우리 마음이 주위 환경에 지배받는 한 언제나 불만족으로 살 수밖에 없다는 뜻이기도 하다. 더욱 슬픈 것은 대부분의 사람들이 한걸음만 더 가면 포만감이 가득한 행복이 기다리고 있음에도 제자리에 서서 여전히 배가 고프다고 불평을 한다는 사실이다.

조급함을 버리고 조금만 더 멀리 내다보자. 이미 먹은 전병을 탓하는 바보가 아닌 그 전병을 토대로 더 큰 행복을 꿈꾸는 현명한 사람이 될 수 있을 테니까.

한량과 기름장수

옛날, 활을 무척 잘 쏘는 한량이 있었다.

어느 날, 그는 여러 사람들이 지켜보는 가운데 저 멀리 서 있는 버드나무의 가지를 향해 활시위를 당겼다. 화살은 바람소리를 내며 버드나무 위로 날아갔다. 순식간에 나뭇가지 하나가 뚝 부러지며 땅바닥에 떨어졌고 구경꾼들은 모두 환호성을 질렀다.

"대단해. 역시 명궁이야, 명궁!"

"세상에 저 가느다란 버들가지를 맞추다니 원!"

그러나 그곳을 지나던 나이 많은 기름장수만큼은 달랐다.

"별것도 아닌 것을 가지고 난리군그래."

순간 주변 사람들의 이목은 기름장수에게로 쏠렸다. 그러자 한껏

기고만장해 있던 한량은 화가 났다.

"당신은 대체 어떤 재주가 있기에 나를 멸시하는 거요?"

기름장수는 빙그레 웃고는 지고 있던 기름통을 땅에 내려놓았다. 그러더니 허리춤에서 호리병을 풀어서 바닥에 놓고는 호리병 주둥이에 엽전 한 잎을 올려놓았다. 사람들은 기름장수가 대체 무엇을 하려는 것인지 점점 더 궁금해졌다. 기름장수는 기름통에서 기름을 한 국자 뜨며 한량에게 말했다.

"자, 잘 보시오."

한량을 비롯한 구경꾼들의 눈이 일제히 기름장수가 들고 있는 국자로 쏠렸다. 기름장수는 그 국자를 머리 위까지 치올리더니 그 호리병 아래로 기름을 떨어뜨리기 시작했다. 그러자 참으로 놀라운 일이 일어났다. 신기하게도 실오라기만큼 가느다란 기름 줄기가 엽전 중앙의 그 작은 구멍을 정확하게 관통하고 있었다.

사람들은 깜짝 놀란 표정으로 대단하다며 입을 모았고 한량 역시 기름장수의 재주에 감탄하며 아무 말도 하지 못한 채 서 있었다.

대개의 젊은이들은 재주를 얻기 위해 세상을 헤매고 재주를 얻고 나면 그것을 자랑하기 위해 또 세상을 떠도는 법이다. 이때의 재주란 대부분 남들이 범접할 수 없을 법한 특별한 것인데 가만히 따지

고 보면 유용성이 그다지 크지 않은 경우가 있다.

이 옛이야기의 활을 잘 쏘는 청년 또한 그렇다. 그 좋은 활솜씨로 그가 하는 일이라곤 멀쩡한 버들가지를 분질러 놓는 데 지나지 않았다. 남들에게 보여 주고 남들의 경탄을 자아내기에는 더없이 좋은 재주지만 그 재주로 청년 자신은 물론 다른 사람의 실생활에 있어 별 다른 도움을 주지 못하고 있다.

반면, 나이 많은 기름장수의 재주는 그것을 얻으려고 일부러 세상을 헤맨 결과가 아니라 오랜 경험을 통해 자연스럽게 얻어진 것이다. 애당초 재주를 쌓겠다는 목표를 세운 일도 없고 남에게 보여 주려고 애쓴 일도 없다. 그저 묵묵히 병에다 기름 따라 주는 일만 몇십 년 반복했을 터다. 그렇게 쌓인 재주에는 대단한 명성이나 이득이 따르지 않는다. 그러나 기름장수의 그 재주로 말하자면 일하는 시간을 절약해 주고 기름을 흘려서 낭비하는 일을 줄여 주니 실생활에 매우 유용한 것이다.

사람이 나이를 먹으면 그에 따라 신체 기능들이 노쇠하기 마련이다. 하지만 헛되이 살지 않은 사람이라면 그 노쇠를 상쇄시킬 만한 무언가가 반드시 생기는 듯하다. 가령 내 나이만 되어도 잔글씨 보기가 힘이 드는데 나보다 나이가 더 많은 출판사의 편집자 한 분은 아무리 작은 글씨도 대번에 알아본다.

"이 정도면 7포인트에 장(長, 문자의 기본 모양에서 가로 크기에 대한 세로 크기의 비율)이 90."

그러면 나는 놀란 표정으로 묻는다.

"아니 잘 보이지도 않는 걸 어떻게 아십니까?"

"감이지요. 이 일을 한 지도 이십 년이 훨씬 넘었는데요."

기자로 교정교열을 십 년 정도 한 선배는 또 내게 이렇게 말한다.

"이 선생이 쓴 책 아무거나 가져와 봐. 내가 당장에 50개 정도는 교정해 줄 테니까."

가히 생활의 달인, 직업의 고수들이다. 말이 좋아 십 년, 이십 년이지 어디 짧은 세월인가. 그 정도의 세월을 한 곳에 바쳤다면 그에 상응하는 특별한 능력이 생기지 않는 게 외려 이상할 수도 있겠다.

세월을 통해 무언가를 터득하는 이야기를 하다 보니 중학교 때 수학 선생님 한 분이 떠오른다. 그 선생님은 칠판에 분필로 동그라미를 그리면 정말 컴퍼스로 그린 것처럼 반듯했다. 동그라미를 동그랗게 잘 그리면 미인을 얻는다며 사모님이 무척 예쁘다고 자랑하셨다. 나를 비롯한 반 친구들은 그 말에 현혹되어 연습장에 동그라미를 열심히 그려댔다. 그러나 선생님처럼 반듯하게 그려지지 않았고 예쁜 아내를 얻지 못할 것이라는 생각에 우울해하며 비탄에 잠겼던 우스운 기억이 있다. 지금 생각하면 연세 지긋하신 그 수학 선생님의 동그라미 그리는 솜씨 또한 수업 시간마다 여러 번 그리면서 절로 늘어난 것이 아닐까 한다.

대개 한 가지 일을 오래 하면 무엇이든 답답하고 지루해지기 마련이다. 자기보다 한참 나이 어린 사람이 무언가 대단한 일을 벌여서 크게 성공했다는 소식이 들려올 때면 그런 기분은 더욱 절절해진다. 그러나 하다못해 기름 한 방울이라도 아낄 수 있는 노하우가 몸에 쌓여 간다면 무엇이 부러울 것인가.

어느새 우리는 공연히 화살을 날리며 저 잘난 맛에 돌아다니던 철부지 시절을 훨씬 지나 버렸다. 행여 남의 활쏘는 재주를 감탄하며 따라다니느라 지금 내가 들고 다니는 기름통에 소홀하지는 않았는지 돌이켜 볼 일이다. 또한 앞으로 내게 다가올 행운은 어쩌면 그동안 내가 그린 동그라미 속에 들어 있는지도 모른다. 한눈팔지 않고 열심히 그려왔다면 저절로 동그랄 것이고 미인 또한 그리 멀지 않은 곳에 있을 것이다.

떨어지길 천만다행

"백전백승! 승승장구!"

젊었을 때 품었던 이런 당당한 포부들도 살다 보면 조금씩 퇴색되기 마련이다. 실패의 쓴 맛이 무엇인지 아는 나이가 되고 보니 성공가도를 달리는 사람들을 보면 부럽기도 하지만 한편으로는 불안해보이기도 한다. 아직 한 번도 실패를 안 해본 사람이 있다면 둘 중 하나일 것이다. 아직 어린 사람이거나 지금까지 자잘한 일에만 승부를 걸었던 사람.

한 번의 실패가 한 번의 성공만큼이나 중요한 경험이 될 수도 있는 법인데 사람들은 높이 오르려고만 할뿐 밑으로 떨어지는 것을 죽기보다 싫어한다. 고층빌딩 위에서 아래를 내려다보면 참으로 아찔한 기분이 드는 것처럼 말이다. 실은 나 역시 그렇다. 하지만 높은 곳에서 떨어지면 비참하게 죽을 수도 있지만 살아서 영웅이 될 수도 있다.

옛날, 세 친구가 있었다. 셋은 모두 한 집안의 가장들이었지만 너무도 가난하여 하루하루 입에 풀칠하기도 버거웠다.

"무슨 수를 써야지 이러다간 굶어 죽겠어."

"땅이 없으니 농사를 지을 수도 없고, 배운 것이 없으니 과거를 볼 수도 없고… 나 원 참."

"밑천이라도 있으면 장사를 해볼 텐데."

가진 것 하나 없는 세 친구가 그렇게 백날 궁리를 해봐야 말짱 헛일이었다. 속수무책이던 차에 세 친구는 우연히 어느 산에 가면 산삼이 많다는 말을 들었다. 셋은 의기투합하여 단단히 각오를 한 뒤 그 산 속으로 들어갔다.

소문은 거짓이 아니었다. 산 속을 돌아다니면서 세 명 모두 산삼을 몇 뿌리씩 캘 수 있었다. 산삼을 팔아 돈을 벌고 그것으로 모처럼 가족과 함께 배불리 먹을 생각을 하니 세 친구의 표정이 박꽃처럼 환해졌다.

그러나 그 행운이 바로 사단이었다. 두 친구가 서로 짜고 한 친구의 몫을 가로챌 궁리를 한 것이다. 둘은 한 친구의 산삼을 빼앗은 뒤 그를 낭떠러지 밑으로 밀쳐냈다. 낭떠러지로 떨어진 친구는 간신히 나뭇가지에 걸려 살아나긴 했지만 도무지 위로 올라갈 방법이 없었다. 고개를 들어 까마득해 보이는 곳을 올려다보는 순간 위에서는 난데없이 호랑이가 나타나 자신의 산삼을 빼앗은 두 친구를 잡아먹었다.

그는 정신을 바짝 차리고는 어떻게든 살아야겠다고 생각했다. 주위를 둘러보니 사방에 널린 것이 산삼이었다. 그는 산삼을 캐서 먹거나 작은 짐승들을 잡아먹으며 그곳에서 5년을 지냈다. 고생이 심하기는 했지만 산삼을 끼니마다 먹어서인지 힘이 부쩍 세졌다. 게다가 어느새 칡넝쿨이 절벽 위로 뻗어 올라 그것을 잡고 위로 올라갈 수 있게 되었다.

그는 낭떠러지 아래서 캔 산삼을 등에 지고 5년 만에 집으로 돌아갔다. 죽은 줄 알았던 가장이 돌아온 것만으로도 기쁜데 산삼을 한가득 들고 왔으니 집에서는 가족들의 환호성이 울렸다.

"여보, 우리는 당신이 죽은 줄만 알았어요. 그런데 함께 산에 갔던 다른 친구들은 어떻게 됐어요?"

"음. 불행하게도 호랑이에게 잡아먹혔어. 이 산삼을 그 친구들 집에도 좀 나눠 줍시다."

그는 두 친구의 몫까지 챙겨 주고도 넉넉한 부자로 한평생 잘 살았다고 한다.

당시에는 참 많이 속상했던 일이 지나고 보니 오히려 잘되었다는 생각이 드는 경우가 있다. 이 옛이야기의 주인공 역시 친구의 배신으로 낭떠러지에 떨어졌지만 덕분에 호랑이밥 신세를 면할 수 있었다. 새옹지마라는 말처럼 무엇이 행운이고 무엇이 불행인지는 지금 당장 판단할 수 있는 게 아닌 듯싶다. 지금의 작은 불행이 때로는 큰 불행을 막는 액땜이 되기도 하고, 지금의 작은 행운이 더러는 큰 행운이 오는 길을 가로막는 걸림돌이 되기도 한다.

대학원에서 공부를 계속하고 싶었지만 집안 형편 때문에 이래야 하나 저래야 하나 고민하던 선배가 있었다. 선배는 결국 취직을 결심하고 한 회사에 입사 면접을 보러 갔다. 그런데 무슨 일이 있었던지 면접관이 한 시간이나 늦게 왔단다. 선배는 화가 나서 "사람을 뽑겠다면서 이렇게 기다리게 하면 되겠습니까?" 하고는 바람소리를 내며 자리를 떠났다. 그러고는 그 길로 그냥 대학원에 진학해 버렸는데 지금은 어느 대학에서 교수생활을 잘하고 있으니 그때 늦게 온 면접관에게 되레 고마워해야 하는 상황이 되었다.

옛이야기에서 주인공이 낭떠러지로 떨어지는 대목이 그랬던 것처럼 우리가 겪는 낭패라는 것은 그렇게 중요한 변곡점이 되기도 한다. 그러나 이야기에서 좀 더 주의 깊게 살펴보아야 할 대목은 어쩌면 낭떠러지 밑에서 보낸 5년간의 세월일지도 모른다. 아무리 옛이야기라고 해도 5년이라는 세월을 혼자 보냈다는 설정이 과하게 느껴지는 것도 사실이다. 그럼에도 불구하고 굳이 그렇게 긴 세월을 설정한 것은 힘을 비축하는 시간, 일이 이루어지는 시간을 나타내려는 뜻이겠다.

5년 동안 산삼을 먹으며 생활했다는 데에서 '특별한 힘의 비축'을 엿볼 수 있고, 5년을 묵묵히 참고 기다렸다는 데에서는 '시간적인 완숙'의 의미를 읽어낼 수 있다. 조급하면 될 일도 되지 않는 법이니 완전히 익을 때까지 기다리는 자세, 그것이 결코 허송세월만은 아닐 것이다.

제 힘이 길러지는 동안 칡넝쿨이 절로 자라 출구가 훤히 열린 것만 봐도 그렇다. 그러니 낭떠러지에 떨어졌다고 해서 조바심을 내기보다는 주변에서 산삼같이 귀한 것을 발견하려 애쓰거나 무엇보다도 호랑이가 접근할 수 없는 안전한 곳에 있다는 생각으로 마음을 다스릴 필요가 있다. 그러면서 힘을 모아야 내 가족을 다시 부양하고, 나보다 먼저 가겠다고 나를 밀쳤던 사람들에게 멋지게 복수할 수 있을 테니까.

다만 한 가지 기억해 둘 것이 있다. 가장 멋진 복수는 이야기의 주인공처럼 그들에게 내 것을 나눠 주고도 내 것이 여전히 남아 있음을 알리는 것이라는 점이다. 나의 건재를 과시하며 내가 너희 같은 졸장부가 아님을 만방에 알리는 것만큼 통쾌한 복수가 또 있을까.

누구나 살다 보면 낭떠러지에 떨어진 것같이 힘든 시기가 있을 테고 나 역시 그 시기를 지나왔다. 당시 나를 안쓰럽게 여기던 한 친구는 내게 이렇게 말했다.

"너를 보면 꼭 절벽 끝에서 한 손가락으로 나뭇가지를 붙잡고 있는 것만 같아."

이제 와서 생각해 보면 그때 나뭇가지를 붙잡고 있던 손을 놓아 버리고 절벽 아래로 떨어졌다 해도 별일은 없었을 성싶다. 거기에 산삼이 널려 있었을지, 푹신한 목화밭이 펼쳐져 있었을지는 아무도 모르는 거니까.

안달하지 말자. 허랑하게 살지만 않았다면 내 몫은 분명 있다. 낭떠러지 밑에도 복이 있는데 이 평지를 살면서 무엇이 걱정일까.

4대째 내려온 불씨

어느 마을에 4대째 불씨를 꺼뜨리지 않은 집이 있었다. 그 집에서 새 며느리를 맞게 되자 시어른들은 며느리에게 엄하게 당부했다.

"우리 집은 4대가 내려오도록 불씨를 단 한 번도 꺼뜨리지 않았다. 명심해서 불씨를 잘 지키도록 해라."

그런데 새 며느리가 하룻밤을 자고 났더니 불씨가 그만 꺼져 있는 게 아닌가. 며느리는 깜짝 놀라서 시아버지께 바른대로 고했다. 시아버지는 하루 만에 불씨를 꺼뜨렸다는 말에 크게 역정을 냈다.

"그렇게 일렀건만 불씨를 꺼뜨리다니, 당장 나가거라! 너는 우리 집 며느리가 될 자격이 없다!"

며느리는 애통하게 울며 잘못을 빌었다. 시아버지는 시집 온 첫

날부터 며느리를 내쫓는 것이 마음에 걸려 잘못을 눈감아 주고 부싯돌을 꺼내 불을 붙여 주었다.

그런데 웬걸, 다음 날 아침 며느리가 일어나 보니 또 불씨가 꺼져 있었다. 며느리는 다시 시아버지께 간청하여 불씨를 얻었다. 그렇지만 다음 날 역시 마찬가지였다. 며느리는 이번이 마지막이라고 애걸하여 시아버지께 겨우 불씨를 얻어냈다.

며느리는 자꾸만 불씨가 꺼지는 이유가 궁금했다. 그리하여 단단히 마음을 먹고 그날 만큼은 뜬 눈으로 밤을 새며 아궁이를 몰래 숨어서 지켜보았다. 한밤중이 되자 웬 족제비 한 마리가 부엌에 나타났다. 그 족제비 녀석이 꼬리에 물을 적시더니 그것으로 불씨를 꺼뜨리고 있는 게 아닌가. 며느리는 화가 치솟아 부지깽이를 들고 족제비를 뒤쫓았다. 족제비는 한 2, 30리 뛰어가더니 덤불 속으로 사려졌다. 며느리가 황급히 덤불숲을 헤쳐 보았지만 족제비는 온데간데없고 대신 황금단지가 하나 놓여 있었다.

예로부터 불씨가 귀하긴 귀했던가보다. 불씨를 두고 적잖은 이야기가 전해 내려오는데 문제는 불씨가 언제나 여자의 몫이었다는 것이다. 불씨를 꺼뜨리지 않고 지키는 일은 조신한 여자가 필히 갖추어야 할 덕목으로 꼽히곤 했다. 오죽하면 마해송의 유명한 수필 〈편편상(片片想)〉에도 눈물 나는 '불 삼대(三代)'가 나오겠는가. 어느 며느리가 불씨를 꺼뜨렸다는 이유로 시집에서 쫓겨날 위험에 처한다는 내용이다. 뭐, 그렇게 멀리 갈 것도 없이 한 이십 년 전쯤만 해도 연탄불을 꺼뜨리고 아침에 불을 빌리러 다니는 여자에게 '칠칠치 못한'이라는 수식어가 붙기도 했으니 불씨를 몇 대째 꺼뜨리지 않았다면 그것만으로도 현숙함을 입증할 만하다.

그러나 이런 옛이야기가 고작 불씨의 중요성을 강조하려는 의도는 아닐 듯하다. 도리어 불씨를 지성으로 보살폈지만 계속해서 꺼졌다는 점에서 전달하고자 하는 뜻이 드러나 있다고 생각한다.

4대째 불씨를 잇는다는 것은 말처럼 쉬운 일이 아니다. 아무리 조신한 여자라고 해도 살다 보면 아픈 날도 있고 갑작스레 출타할 일도 생기는 법이다. 즉 그렇게 했다는 말은 그동안 그 집 며느리들이 부엌을 조금도 못 떠나고 살았다는 말이다. 그러니 족제비가 불씨를 꺼뜨리는 행위는 '그 정도 하면 되었으니 내가 주는 상이나 받고 이제 그만 쉬어도 좋다'라는 메시지가 아닐까.

4대째 불씨를 잇는 동안 온갖 어려움이 있었겠지만 한결같이 그 일을 해왔다면 그에 대한 보상은 당연하다. 예전에는 "중병에 들면 3대를 잇지 않은 의원에는 가지 말라"라는 말도 있었다. 적어도 3대째 내려오면서 진료 경험과 의학에 관한 식견들이 쌓여야만 믿을만하다는 뜻이겠지. 시간은 절로 가는 법이 없고 공으로 지나는 법도 없다.

이쯤에서 잠시 생각해 본다. 고조부나 증조부 때부터 나에게까지 줄기차게 이어져 내려오던 것은 무엇인가? 그것은 불행한 역사와 한미한 가문 탓에 있기 어려웠다 치고, 지금 나로부터 내 증손자, 고손자까지 이어 내려줄 것은 또 무엇인가? 자식들에게 "얘야, 우리 집에서는 이게 제일 중요하단다"라고 말할 수 있는 무언가가 있어야 할 게 아닌가.

문득 아득하고 두려워진다. 족제비의 등장이나 황금단지의 행운을 바라는 건 그 다음이 아닐는지. 과연 우리 집 불씨는 무엇일까?

아버지의 안목

'일희일구(一喜一懼)'라는 말이 있다. 본디 "부모의 연세는 알지 못해서는 아니 되니 한편으로는 그 때문에 기쁘고 한편으로는 그 때문에 두렵다(父母之年 不可不知也 一則以喜 一則以懼)"라는 공자의 말에서 나왔다. 부모님 연세를 헤아려 보면 오래 사시는 게 기쁘고 또 사실 날이 얼마 남지 않은 것이 두렵다는 뜻이겠다.

그런데 이 말은 묘하게도 자식을 기르는 데도 똑같이 통용된다. 자식의 나이를 따져 보면 그만큼 큰 것이 대견하고 기쁘지만 이제 곧 내 품을 떠나 제구실을 해야 할 순간이 다가오니 부모로서 두렵기도 한 것이다.

가슴에 손을 얹고 생각해 보자. 내 아이가 어른이 되어 밖에 나가서 제몫을 해내고 살아갈 만하다고 장담할 부모가 대체 몇이나 될까. 불행인지 다행인지 자식들은 통상 부모를 판박이처럼 닮는 게 예사여서 기대 반 걱정 반이다. 나를 닮아서 남보다 나은 구석이 아주 없는 것은 아니지만, 한편으로는 다 닮아도 이 점만은 닮지 말았으면 하는 약점까지 용케도 타고났다. 이 때문에 부모라면 으레 자식이 무언가를 하겠다고 나서면 어떤 일에서는 심하게 부추기다가도 다른 어떤 일에서는 매몰차게 뜯어말리기도 한다. 내가 다시 그 어릴 적 자식으로 돌아간다 해도 부모 입장에서 여간 답답하게 느껴지지 않을 것 같다. 이에 대한 묘책은 없는 걸까?

옛날, 어느 훌륭한 정승이 노환으로 임종을 앞두고 있었다. 이를 애석히 여긴 임금은 정승이 죽게 되면 그 아들이라도 벼슬을 시켜 볼 요량으로 친히 찾아가 그에게 뒷일을 물었다. 그러자 정승은 이렇게 대답했다.

"전하, 제게 아들이 셋이옵니다. 제 아들들에게 벼슬을 내려 주신다니 그저 황송할 따름입니다. 첫째는 평양 감사 정도면 좋겠고, 둘째는 의주 부윤쯤이 제격이고, 막내는 저 멀리 초산 고을의 군수면 되겠습니다."

정승이 죽자 임금은 그의 뜻에 따라 세 아들에게 벼슬을 내렸다.

막내가 초산 고을의 군수로 부임하자마자 소지(所志, 백성들이 관아에 올리는 청원서)가 한 장 들어왔다. 어느 백성이 소 판 돈을 어딘가에 잘 묻어 두었는데 그 돈이 몽땅 사라지고 없다며 찾아 달라는 것이었다. 첫 공사이니만큼 잘하기는 해야겠는데 영 신통한 해결책이 떠오르지 않았다.

막내는 몇 날 며칠 동안 끙끙 앓아가며 온갖 궁리를 다했다. 그러다가 퍼뜩 그 돈이 어디 있는지 아는 사람의 소행이지 않을까 싶었다. 그는 곧 소지를 올린 백성을 다시 불러 물었다.

"그곳에 돈을 묻었다는 사실을 자네 말고 또 누가 아는가?"

그러자 백성이 대답했다.

"소 판 돈을 왜 가져오지 않느냐고 부인이 묻기에 도둑 맞을까봐 어디에 숨겨 두고 왔다고 말해 주었습니다."

막내는 즉시 그 백성의 부인을 잡아다 문초했다. 역시나 부인이 사람을 시켜 꾸민 짓이었다.

일을 속 시원히 해결하고 나자 막내는 신이 났다. 이렇게 훌륭한 재주가 있는 자신을 기껏 초산 고을 군수 자리에 앉힌 아버지가 원망스럽기도 했다. 그래서 곧장 의주로 가서 둘째 형을 만나 보았다. 그러고는 짐짓 곤란한 일이 생겼다며 해결책을 물어보았다. 둘째는 한 이틀 정도 끙끙대며 생각하더니 이렇게 말했다.

"그 백성의 부인을 잡아다 문초해 보면 될 것 같다."

자기는 몇 날 며칠 걸린 일을 단 이틀 만에 풀다니 막내는 감탄할 수밖에 없었다.

다음에는 평양으로 가서 만형을 만났다. 만형에게도 똑같이 말하며 해결책을 구했다. 만형은 담배를 두어 모금 빨더니만 이렇게 말했다.

"그 백성의 부인을 캐면 되겠지."

자기가 몇 날 며칠 동안 푼 것을 만형은 담배 두 모금을 빠는 동안 풀었다. 막내는 형들의 그런 능력보다 아버지의 사람 보는 능력에 더 탄복하고 말았다.

살아온 시간이 길어질수록 안목도 높아진다. 경험과 식견이 풍부한 사람이라면 그럴 가능성은 더욱 높다. "아들을 아는 데 아비만한 사람이 없다"라는 옛말은 다 그런 데에서 비롯된 것이다. 적어도 아들에 관해서는 그 유전적인 요인은 물론 자라온 환경, 자기가 키워낸 습성까지도 속속들이 꿰고 있는 법이어서 제일 많이 알고 있다는 뜻이다.

옛이야기 속 정승이 그랬다. 자식들의 그릇 크기를 다 알고 있던 터라 벼슬을 내려 주겠다는 임금 앞에서 적절한 대응을 했고, 그것은 정확히 맞아떨어졌다. 그러나 문제는 현실이 꼭 그렇게 이상적이지만은 않다는 것이다.

종종 자식에 대한 부모의 과대평가는 쓸데없는 망상을 불러일으킨다. 그저 내 자식이 최고라는 생각으로 자식을 깜냥이 넘어서는 일에 나서게 하여 힘은 힘대로 들고 몸은 몸대로 망가뜨리는 결과를 빚는 것이다. 반대로 자식에 대한 과소평가 또한 심각한 문제다. 내 자식이 별 수 있겠냐며 사사건건 제동을 걸어서 그냥 두기만 해도 됐을 일을 그르치는 안타까운 경우가 제법 있다. 참 어려운 일이지만 부모는 자식을 객관적인 시각으로 평가하고 그에 딱 맞는 처방을 해주어야 한다.

그런데 나를 포함한 많은 부모들이 자신의 바람대로 자식들에게 '하면 된다'를 강요하고 있는 것은 아닌가 싶다. 한때 난무했던 '하면 된다'라는 구호 덕분에 우리나라는 어느 정도 잘 사는 축에 들게 되었다. 하지만 나이가 들고부터는 그 구호에 약간의 회의가 들기도 했다. '하면 된다'가 있으면 '해도 안 된다'도 있고, '안 해서 안 된다'가 있으면 '안 해도 된다'가 있어야 하지 않을까 싶어서다. 무엇이든 실천해 보자는 신념을 욕하자는 것은 아니다. 하지만 너무 한 곳으로만 몰아붙이면서 공연히 사람들의 힘을 빼게 하지는 않았으면 한다.

부모로서 자식의 타고난 그릇을 알고 그 그릇을 최대한 키워 주는 일은 분명 아름답다. 하지만 그릇은 그대로 둔 채 많이 담으려고만 하면 꼭 넘쳐 버려 사고가 난다. 반대로 자식이 타고난 그릇대로 살도록 다독이는 일 또한 아름답다. 하지만 그릇에도 못 미치게 담는 일을 방관하거나 조장하면 그 자식은 평생 한을 안고 살게 된다. 나 또한 자식들이 커가면서 점점 어려움을 느낀다. 이럴 때는 그저 이야기 속의 정승이 나타나 이렇게라도 조언해 주면 좋으련만.

"너무 걱정하지 말게. 지들이 잘 알아서 할 테니."

과연 터줏대감

옛날, 오래된 집터에 살고 있는 어떤 사람이 터줏대감(집터를 지켜 주는 신)에게 정성껏 떡을 해 올리며 이렇게 기도했다.

"돈 2천 냥을 내일 중으로 꼭 좀 생기게 해주십시오."

그때 마침 이 집에 물건을 훔치러 온 도둑이 있었는데 그 기도 소리를 듣고는 코웃음을 쳤다. 그는 지금 외양간에서 소를 끌어내리던 참이었기 때문이다. '2천 냥 좋아하시네. 2천 냥은 고사하고 오늘 밤에 소나 한 마리 잃게 될 텐데. 쯧쯧.'

도둑은 그렇게 소를 끌고 집을 빠져나갔는데 문제는 마을 앞에 있는 작은 개울이었다. 아무리 어르고 달래도 소가 개울을 건너려고 하지 않았기 때문이다. 도둑은 자기가 먼저 개울을 건넌 다음 소의 고삐를 힘껏 잡아당겼다. 그러자 소는 발버둥 치며 더욱더 뒤로 물러섰고 그 바람에 고삐가 그만 끊어지고 말았다.

소는 그 길로 방향을 돌려 자기가 살던 집으로 되돌아갔다. 집에 도착한 소가 대문에 머리를 비벼대자 덜거덕덜거덕 소리가 났다. 식구들이 그 소리에 밖으로 나가보니 자기 집 소가 밖에 서 있는 게 아닌가. 그런데 소잔등에는 엽전 꾸러미가 실려 있었다. 도둑이 훔친 돈들을 마침 소잔등에 실어 놓았던 것이다. 돈은 정확히 2천 냥이었다.

이 옛이야기에서 집 주인은 터주에게 지성을 들였다. 터주가 누구인가. 나와 가족이 사는 집터를 지키는 신으로 집터의 범위 안에서 힘을 발휘하는 그 집의 신이다. 그 점을 생각했을 때 팔이 안으로 굽듯 터주는 그 집에 사는 사람의 소원을 가벼이 넘기지 않을 것이다. 더구나 이야기의 주인공은 오래된 집터에서 살았으므로 터주가 그 집을 보살피는 힘이 그만큼 더 크다고 미루어 짐작할 만하다. 게다가 그 행운의 2천 냥을 실어 나른 것이 집에서 기르던 소인 것은 예사로 보기 어렵다.

행운은 오래된 것들을 따라 지언스레 흘러들어오는 경우가 많다. 나의 오래된 것들, 오래되어 함께한 것들, 함께해서 나와 떨어질 수 없는 것들은 나의 역사가 되고 신화가 된다. 그것들이 주는 가치는 웃돈을 받고 파는 아파트나 산 지 얼마 되지 않았을 때 팔아야 제 값을 받는 자동차와는 비교할 수 없다. 그러나 어찌어찌 살다 보니 우리는 너나없이 고향도 없고, 집터도 없고, 힘들 때 함께 가쁜 숨을 몰아쉬며 서로 위로해 줄 소 한 마리 없는 처지가 되고 말았다.

그렇지만 고향이 없다고 고향 의식이 없는 것은 아니며 소가 없다고 소와 같은 존재가 없는 것은 아니다. 찬찬히 찾아보면 고향처럼 내 마음이 편히 누울 공간 하나쯤은 분명 있을 것이고, 돈 2천 냥을 떡하니 안겨다 준 소처럼 말하지 않아도 내 마음을 알아주는 나와 함께한 어떤 영물이 있을지도 모른다.

다만 한 가지 일러둘 것은 이 옛이야기에서 집 주인이 천 냥도 만 냥도 아닌 '2천 냥'을 원했다는 점이다. 이런 단위는 막연한 욕심이 아니라 너무도 구체적인 필요에 의한 것이다. 떡을 해놓고 빌 정도면 그만큼 절실한 사연이 있었음이 분명하다. 막연한 횡재를 꿈꾸며 복권을 사서 비는 그 마음과는 사뭇 다른 마음임을 먼저 이해해야 한다.

이쯤에서 나와 오랫동안 함께한 소와 같은 존재는 과연 무엇일지 곰곰 생각해 본다. 어디선가 나의 소 한마리가 행운 하나를 등에 지고 뚜벅이며 걸어오는 듯도 하다.

물결 둘

내가 서 있는 곳의 저편

신지식과 구 경험
도사 위에 사냥꾼
산 속이나 수궁이나
묵은 달력과 볶은 씨앗
허망한 꼴, 우스운 꼴
이 세상과 저 세상
나무꾼의 눈물

신지식과 구경험

대학 시절, 어느 교수님께서 이렇게 물으셨다.

"그래 자네들은 논문의 수명이 얼마나 될 것 같은가?"

당시 우리는 거기에 대해 생각해본 일도 없는 데다 논문을 써 봤던 사람도 아니기에 그저 멍하니 있었다. 잠시 후 교수님께서 스스로 답하셨다.

"겨우 5년이네. 5년이 지나면 새로운 논문이 나오지."

그때 쓸쓸해하시던 그 표정을 지금도 잊을 수 없다. 그렇게 고심해서 쓴 논문의 수명이 고작 5년이라니! 하긴 어떤 교수님 한 분은 아예 단행본으로 묶여 나온 학술 논문은 보지 않는다고 하셨다. 이미 단행본으로 묶여 나온 것은 최근 것이라야 3년 전, 묵은 것은

10년 전 것이라는 게 그 이유였다.

    지식의 세계가 그렇게 쉽게 변하는 것이고 보면 지식을 습득했다고 하여 그리 유난스레 내세울 게 없을 것 같다. 체계적인 지식도 아닌 생활 속의 경험이라면 더욱 그러할 터, 새로운 지식을 습득하는 것보다 더 중요한 것이 있음을 깨우쳐 주는 옛이야기가 있다.

    남의 것을 훔쳐 생계를 이어가는 도둑 부자(父子)가 살았다. 아버지 도둑은 누구나 알아주는 대도(大盜)였는데 아들 역시 그런 아버지를 따라다니며 여러 가지 노하우를 두루 익혔다. 그렇게 아들의 실력은 나날이 늘어갔다. 목표로 삼은 집에 남보다 먼저 들어가고 가장 나중에 나오는 것은 기본이요, 값나가는 묵직한 것을 골라 들고 나오는 데도 탁월했다.

    이렇게 되자 아들은 기고만장해져서 아버지보다 자신의 실력이 더 낫다고 자부하기에 이르렀다. 그러나 어찌된 일인지 아버지의 반응은 늘 똑같았다.

    "너는 아직 멀었다."

    그러던 어느 날, 아버지는 아들과 함께 부잣집의 보물창고를 털기로 하고 그 집에 잠입했다. 그런데 아버지는 보물창고 안에 아들을 혼자 두고 밖으로 나와 문을 걸어 잠갔다. 그러고는 아들이 그곳에서 어떻게 빠져나올지 멀리서 지켜보았다.

아들은 '철커덕' 하고 밖에서 문이 잠기자 무척 당황했다. 아버지를 원망할 틈도 없이 어떻게든 이곳에서 빠져나가야겠다는 생각이 들었다. 궁리 끝에 그는 쥐 소리를 냈다.

"찍-찍-."

부잣집 식구 중 딸이 그 소리를 듣고는 소스라치게 놀랐다.

"어머! 보물창고에 쥐가 몰래 들어갔나 보네. 귀한 보물들이 다 상하면 어째."

부잣집 딸은 하인을 시켜 보물창고 문을 열도록 했다. 하인이 문을 여는 순간, 아들은 그 틈에 잽싸게 도망쳤다. 그러고는 쫓아오는 사람들의 시선을 따돌리기 위해 연못에 돌덩이를 던지는 등 기지를 발휘했다. 이리하여 그야말로 구사일생으로 집에 돌아온 아들은 아버지를 보자마자 화를 냈다.

"어떻게 저만 두고 혼자 나가실 수 있어요!"

그러나 아버지는 흐뭇한 표정으로 말했다.

"이제야 네가 도둑질을 다 배운 것 같구나."

"그게 무슨 말씀이세요?"

"그 전까지는 남들에게 배운 능력만 있어서 임기응변이 되지 않았지만 위기에서 벗어날 수 있는 방법을 스스로 터득했으니 앞으로는 거칠 것이 없을 것이다."

그 후 아들은 과연 천하에 독보적인 도둑이 되었다.

조선 시대 초기의 명문장가 강희맹(姜希孟, 1424~1483)이 자신의 아들을 깨우치기 위해 들려준 다섯 편의 이야기 중 하나다. 자식을 가르치는 데 도둑 이야기를 예로 든 것이 좀 찜찜하긴 해도 이야기 자체는 재미있다. 어떤 일에서건 약간의 요령만 터득하고 나면 선배를 업신여기는 사람들이 많다는 점을 생각할 때 이 옛이야기가 주는 교훈 또한 참으로 크다.

아무리 새로운 지식이나 최첨단 기술이라 할지라도 남들에게 배운 것만으로는 한계가 있기 마련이다. 명문 의대를 수석 졸업한 사람이더라도 실제 생사를 넘나드는 환자를 접한 경험이 적다면 아직 제대로 된 의사가 아니며, 삽시간에 수십 억 원의 수익을 올리는 펀드매니저라 할지라도 여러 차례 위기를 두루 겪어 보지 못했다면 아직 마음 놓고 그에게 돈을 맡길 수는 없는 노릇이다. 실전 경험을 많이 쌓고, 또 거기에서 얻은 온갖 경험들이 축적되어 있을 때 비로소 어느 분야에서든 우뚝 설 수 있는 법이니 말이다.

화가를 꿈꾸는 어떤 사람이 선생님에게 그림을 배울 때의 일이다. 뛰어난 재주를 갖고 있었지만 아무리 노력해도 선생님의 그림

실력을 따라갈 수 없었다. 분명히 선생님만의 특별한 비법이 있는 듯했지만 선생님은 그것에 대해서만큼은 전혀 말씀이 없으셨다. 그러다가 제자는 선생님이 돌아가실 무렵에야 뜻밖의 비법을 전해 들었다.

"배즙!"

물감을 탈 때 물 대신 배즙을 쓰라는 말이었다. 비법을 알게 된 제자는 무척 기뻤지만 배즙을 탄 물감으로 그림을 그려도 선생님 그림의 그 은은한 빛깔은 표현할 수 없었다. 이제 선생님도 돌아가셨고 그 궁금증에 대해 물어볼 수 있는 사람은 아무도 없었다.

제자는 몇 날 며칠 동안 다양한 방법으로 그림을 그려 보았다. 그러다가 우연히 화선지 뒷면에 그림을 그려 보았는데 웬걸, 선생님 그림에서 보았던 빛깔이 비슷하게 연출되었다. 선생님께서 마지막 비법만은 가르쳐 주지 않고 제자의 몫으로 남겨 둔 것이었다.

그 후로 제자는 스스로 터득하는 경험을 바탕으로 자신만의 비법을 만들어 나가며 훌륭한 화가로 성장했다.

신지식에 매료된 나머지 구 경험을 무시하는 처사야말로 구 경험에 매달려 신지식을 거부하는 것만큼이나 위험한 일이다. 특히 언제 위기가 닥칠지 모르는 상황이라면 현실을 무시한 채 신지식만 내세우는 일은 더없이 무모하다.

구 경험은 윗세대의 도움을 받아 자신이 몸으로 직접 체험해야만 습득되는 것이어서 그 소중함이 더욱 크다. 사람들은 급한 마음에 그런 경험이 담긴 비법을 쉽게 전수받고 싶어 하지만 비법만으로 모든 게 끝날 만한 것이라면 이미 그것은 비법이 아니다. 악보를 못 읽는 사람에게 악보가 무용지물이듯 비법 역시 경험의 축적 위에서만 제힘을 발휘하기 때문이다. 나이 먹은 값을 한다는 의미의 "떡국이 농간을 한다"라는 속언은 아마도 그래서 생겨났을 것이다.

지혜는 곤경에서 오고, 머리는 그냥 세는 게 아니다.

도시 위에 사냥꾼

영어의 '룸(room)'이라는 말을 들여다보면 참 재미있다. 방이라는 뜻을 가지고 있지만 때로는 여유 혹은 여지라는 뜻으로도 통용된다. 방이라는 게 본시 그렇게 빈 곳으로 다른 것들을 수용할 여지를 가져야만 하기 때문인 것 같다. 그렇다면 나의 집이나 연구실은 아무래도 좀 이상한 방이다. 세월이 무서운 걸까. 어지간해서는 물건을 들이지 않고 조촐하게 산다고 했는데도 살아온 만큼 짐이 쌓인다. 쌓이는 만큼 버렸더라면 좋았을 테지만 욕심이 발목을 잡고 게으름이 길을 막는다.

대학원에서 석사 학위를 할 무렵, 어느 원로 시인께 세배를 드리러 간 적이 있다. 소문대로 그 분은 한 마리 학을 연상케 했다. 고고 한 자태에 근엄한 기운, 그러면서도 온화한 미소를 놓치지 않고 있는 모습이 선비 그 자체였다. 그때는 그 분을 동경하여 나도 저렇게 나이를 먹으면 좋겠다고 생각했다. 하지만 얼추 그 나이가 된 지금 거울을 들여다보면 어느새 영락없는 동네 아저씨가 한 명 서 있다. 두둑한 뱃살에 탁한 눈빛은 제쳐 두더라도 아직도 포기하지 못한 욕망들이 가슴을 채우고, 하루하루 쫓기듯 살며 사람들에게 챙기지 못한 인사들이 쌓여만 간다. 너저분하게 쌓인 것이 어디 방 안의 짐이나 책상 위의 책들뿐일까.

옛날, 사냥꾼 하나가 깊은 산속에서 사냥을 하고 있었다. 그날따라 사냥감에 총을 쏘면 백발백중이었다. '오늘은 평소보다 많은 짐승을 잡을 수 있겠구나!' 기분이 좋아진 사냥꾼은 짐승들에게 연신 총구를 겨누었다.

사냥꾼은 그렇게 열심히 사냥을 하다가 잠시 쉬면서 새참을 먹으려고 바위 위에 걸터앉았다. 그런데 저쪽 깎아지른 벼랑 꼭대기에 어떤 사람이 하늘을 향해 기도를 올리고 있는 게 아닌가. 순간 그 모습에 사냥꾼은 마음이 한없이 아득해짐을 느꼈다. '아, 저 사람은 도를 닦고 있는데 나는 지금 무얼 하고 있는 걸까? 고작 먹고살려고 다른 생명들을 해치면서 살고 있으니….' 자신에 대한 회의감이 끝도 없이 밀려들었다.

　사냥꾼은 즉시 잡은 짐승들을 모두 풀어 주고 손에 들고 있던 사냥총도 꺾어 버렸다. 벼랑 꼭대기에 있는 도사에 비하면 자신의 삶이 너무도 하찮게 느껴졌다. '지금처럼 살아가는 것은 아무 의미도 없어.' 사냥꾼의 표정은 자못 비장했다.

　그는 뭔가 결심한 듯 곧바로 낭떠러지로 몸을 던졌다. 그 순간 사냥꾼은 벼랑 아래로 떨어지는 듯하더니 곧바로 하늘 위로 치솟았다. 그 모습에 정작 놀란 사람은 사냥꾼이 아닌 저쪽 벼랑 꼭대기에 앉아 있던 도사였다. '어찌 저럴 수가! 저 사람은 과연 어떻게 승천한 걸까!' 도사는 멍하니 사냥꾼을 바라보았다. 자신이 그토록 오랫동안 도를 닦아서도 이루지 못한 일을 사냥꾼은 한순간에 이루었기 때문이다.

　이 옛이야기를 들려주면 오해하는 사람들이 꼭 있다. 내가 하는 일이 하찮거나 무의미하게 느껴질 때 사냥꾼처럼 자살이라도 하자는 얘기냐고 되묻는 것이다. 당연히 이 이야기가 전하려는 것은 그런 뜻이 아니다. 그런 이유로 죽을 것 같으면 세상에 목숨 부지할 이가 몇이나 되겠는가.

　이 이야기가 전하려는 메시지는 '자신이 가진 것을 내던지는 것'

에 있다. 무엇이든 열심히 일구어서 겨우겨우 손에 넣고 보면 그것처럼 귀한 게 또 없다. 거기에는 그 사람만의 공력과 역사가 함께 들어 있기 때문이다. 그러나 그것에 대해 회의를 느끼면서도 아등바등 그것을 움켜쥐고만 있다면 그간의 공력은 도로(徒勞)가 되고 영광의 역사는 오욕의 역사로 탈바꿈할지도 모른다. 그런 의미로 해석할 때 이 이야기에서 사냥꾼의 죽음은 실제 죽음이 아니라 제의적이며 상징적인 죽음이다. 죽음으로써 거듭나는 기적을 일구어 냄을 말하고자 하는 것이다.

도사가 산 위의 벼랑 꼭대기에 올라 고귀한 기도문을 읊조리는 동안 사냥꾼은 짐승들을 죽이며 먹고살기에 바빴다. 그리고 도사가 하늘로 오르려고 애쓰던 시간에 사냥꾼은 오히려 땅 밑으로 몸을 던졌다. 그 결과 끝내 먼저 하늘에 닿은 사람은 도사가 아닌 사냥꾼이었다. 세상 일이 꼭 이렇게 귀결되지는 않겠지만 도사의 도 닦는 일 못지않게 사냥꾼이 사냥을 하며 산 세월 역시 한 깨달음을 주기에는 부족함이 없다.

사냥을 제대로 하려면 온갖 동물들의 습성과 행태를 잘 파악해야 하고 또 그에 맞는 사냥 기술을 애써 갖추어야 했을 것이다. 또 오랫동안 사냥을 하다보면 사냥에 성공했을 때의 기쁨 못지않게 자신의 목숨이 오락가락하는 극한의 경험도 했을 터다. 때로는 사냥감을 다루는 자신의 잔인한 손놀림에 소름이 돋았는지도 모른다. 그러한 과정들이 쌓이고 쌓인다면 사냥꾼에게 이른바 도(道)라고 할 것이 왜 없겠는가. 또한 사냥꾼이 자신의 삶을 돌아보고 자신이 잡은 사냥감을 애처롭게 여긴 순간, 이미 벼랑 끝에서 도를 닦는 도사의 십년공부를 넘어섰다.

외형상으로 볼 때도 도사는 아무 일도 하지 않고 오로지 도 닦는 일에만 전념했지만 사냥꾼은 달랐다. 학문을 닦는 일도 마찬가지지만 아무 일도 하지 않고 한 가지 일에만 전념하자면 누군가 그렇게 할 수 있도록 뒷받침해 주지 않고서는 불가능하다. 설령 아무 뒷받침이 없더라도 최소한 제 주변의 다른 사람들의 생계 같은 것은 전혀 신경 쓰지 않아도 될 만큼은 되어야 한다. 이 점에서 사냥꾼은 어쩌면 제 한 몸 잘 먹고 잘 살자는 세속적 욕망을 넘어 가장으로서 자신에게 떠안겨진 책무를 기꺼이 해낸 것은 아닐까 한다. 그리고 그 일을 오랫동안 묵묵히 하고나서 그것이 매우 그릇된 것임을 한순간 깨침으로써 오랜 시간 도에만 전념한 사람과는 사뭇 다른 차원의 도를 얻을 수 있었겠다.

도를 닦을 것인지 행할 것인지, 짐을 늘릴 것인지 줄일 것인지, 남을 부러워만 할 것인지 자기를 되돌아볼 것인지 선택의 기로에 선 순간순간이 실로 아찔하게 느껴진다. 언감생심 어찌 사냥을 하면서 승천을 넘볼까만, 이럴 때는 그저 도사의 수행 또한 우리네가 매일같이 하고 있는 일에서 그리 먼 곳에 있지 않다는 것을 작은 위안으로 삼아 본다.

하나 더 괜한 노파심에서 말하자면, 사냥꾼처럼 자신이 가진 것을 내던지고 새롭게 거듭나는 것에 있어 너무 늦었다는 생각은 하지 말자.《장자》를 보면 거백옥이라는 사람은 나이 60을 사는 동안 60번 변화했다고 한다.

산 속이나 수궁이나

　어느 날 문득 보고 싶고 생각나는 친구가 있다. 마음이 답답한 날에는 더욱 그렇다. 늘 이 세상 밖의 한 세상을 꿈꾸던 그 친구를 떠올리면 여전히 이 땅에 발붙여 살며 자잘한 데 묶여 있는 내가 한없이 초라해지기도 한다.

　나도 가끔은 어디선가 출발 신호음이 떨어지면 누구보다 빨리 이 세상 저편을 향해 내달리고 싶다. 하지만 누구나 그렇듯이 떠난다고 생각하면 막상 어디로 가야할지 모르겠고 여길 떠나면 정말 불행도 함께 끝나는 것인지에 대해서도 자신이 없다.

　신재효(申在孝, 1812~1884)의 판소리 가운데 〈토별가(兎鼈歌)〉는 그런 심리에 대해 잘 그려 놓고 있다. 이야기는 용왕이 병을 얻은 데서

부터 시작되지만 내 관심을 끈 것은 산 속을 떠나 수궁으로 간 토끼의 마음이었다. 토끼는 대체 왜 저 살던 산 속을 내팽개치고 낯선 수궁으로 갔을까?

토끼가 별주부(鼈主簿)를 따라 수궁으로 간 이유는 출세를 하기 위해 혹은 풍류객으로서 수궁 구경을 하기 위해서라고 생각할 수도 있다. 하지만 〈토별가〉를 잘 살펴보면 아주 엉뚱한 곳에서 그 이유를 찾을 수 있다.

별주부는 토끼를 처음 만나 그를 "토생원!"이라고 불렀다. 생전 "토끼야!"만 듣던 녀석에게 '생원'이라니 토끼는 깜짝 놀랐다. 그 조그만 여우조차 동네 아이 이름 부르듯 "토끼야, 토끼야!" 하고 불렀는데 느닷없이 수궁에서 왔다는 자가 생원이라 떠받들어 주니 귀가 번쩍 뜨일 일이었다. 그러고는 곧바로 그에게 수궁행을 제의받았다. 물론 속으로 켕기는 게 참 많은 까닭에 여러 가지로 미심쩍어 질문도 많이 던졌다.

"그래, 수궁에 가면 나보다 유식한 짐승은 없수?"

"없지요."

"그럼 나보다 큰 짐승은?"

"없다마다요."

별주부의 대답 한번 고약하다. 수궁에 가면 글재주로 먹고사는 문신들이 쫙 깔렸고, 고래처럼 덩치 큰 무신들이 떡하니 버티고 서 있는데 이 미련한 토끼는 우습게도 별주부 말만 믿고 그를 따라 나선다. 그러나 나는 사실 이 대목이 가장 눈물겨웠다. 오죽했으면 토끼가 따라나섰을까 싶어서다. 토끼를 설득하며 던진 별주부의 말을 들어보면 백번 천번 공감할 것이다.

"산 속에 있어봤자 호랑이 피하려다 이리나 만날 테고, 불개미가 물어도 손이 없어 어쩌지 못하고, 총 들고 달려드는 포수를 피할 재간도 없지 않수?"

그렇다. 토끼로 말하자면 산 속에 있어봤자 먹을 것 걱정과 먹힐 것 걱정, 딱 두 가지뿐인 불쌍한 녀석이었다. 그런 녀석에게 먹을 걱정 없고 나 잡으려고 눈에 불을 켠 놈 없다는데 무엇을 마다할까. 그런 데라면 토끼에게는 천국이나 다름없으니 그냥 따라나선 것이다. 목이 마르면 물맛을 모르고 배가 주리면 음식 맛을 모르는 게 당연한 이치니까.

〈토별가〉에는 또 하나의 특별한 장치가 있다. 다른 판소리에서는 찾아보기 힘든 짐승들의 회의 대목이 바로 그것이다. 하나는 수궁의 조정에서 벌어지는 '어족(魚族) 회의'고 또 하나는 산 속 길짐승들이 벌이는 '모족(毛族) 회의'다.

　수궁의 어족 회의에서는 토끼를 누가 잡아 오느냐 하는 문제로 격론을 벌였는데, 문신과 무신은 한바탕 말싸움을 벌일 뿐 선뜻 자원하는 사람이 없었다. 문신은 당연히 무신더러 잡아오게 하라고 용왕께 아뢰고, 무신은 무신대로 뭍이라 갈 수 없다며 한사코 마다 했다. 고래나 게, 조개 같은 장수들은 몸집도 크고 갑옷까지 입었지만 못 나간다고 하도 버티는 통에 결국은 가장 멸시받던 별주부가 나서게 된 것이다. 그저 이번 기회에 공을 세워 집안을 일으켜 보자는 가상한 뜻에서였다. 그리고 길을 나선 별주부가 처음 목격한 광경이 우연찮게도 바로 모족 회의였다.

　산 속의 모족 회의에서는 산군(山君) 호랑이를 중심으로 길짐승들이 모여 인간의 횡포를 피할 수 있는 방법에 대해 모색하고 있었다. 건전한 취지로 열린 회의였지만 역시 생산적인 논의 결과는 없었다. 어느 누구도 쓸 만한 의견을 제시하지 못한 가운데 그저 사냥개란 놈만 성토하는 자리가 된 것이다. 회의 중에 특별히 참석해 준 기린을 위해 음식을 대접해야겠다는 말이 나오자 여우가 나서서 다람쥐가 겨우내 먹기 위해 모아 둔 식량을 추천한다. 다람쥐는 졸지에 겨울 식량을 날리게 되었고 이 때문에 분통이 터진 녀석은 제 딴에는 제일 만만한 쥐를 걸고넘어진다.

　"쥐도 쌓아 둔 양식이 많을 테니 가져오라 하옵소서."

　결국 쥐도 빈털터리가 되고 다음으로 산군이 먹을 고기를 구하자

여우가 또 나서서 멧돼지의 큰 자식을 추천한다. 멧돼지는 눈물을 머금고 자식을 상납하는 수밖에 없었다.

본래의 안건은 종적도 없이 사라지고 그저 헐뜯고 못살게 굴다가 끝나는 꼴이 어디선가 많이 본 듯한 광경이다. 어족 회의와 모족 회의는 말 그대로 세상의 축도(縮圖)가 아닐까 한다. 궁궐의 조정을 빼다 박은 어족 회의에서는 문신과 무신 간의 알력 싸움만이 두드러질 뿐, 정작 문제해결에 나서는 인물은 참으로 보잘것없는 별주부고, 시골 동네의 조그만 조직을 연상시키는 모족 회의에서는 서로 못 잡아먹어서 안달인 진풍경이 연출된다.

요즘에는 어딜 가나 사람들이 윗사람들 욕하기에 바쁘지만 〈토별가〉에서는 어족 회의와 모족 회의를 통해 윗사람들은 윗사람들대로, 아랫사람들은 아랫사람들대로 반성하게 만드는 힘이 있다.

산 속을 벗어나면 천국을 만날 것 같던 토끼나 육지에서 토끼를 데려오면 뭔가 다른 세상이 열릴 것으로 기대한 별주부 모두에게 깊은 동정과 연민이 생긴다. 그들의 삶은 과연 왜 그렇게 되었을까? 일의 시작은 용왕의 발병과 사냥꾼의 횡포, 산군의 포악함에 있다 하더라도 잘만 하면 일이 그 지경까지는 되지 않았을 텐데 대체 누구 잘못일까? 여우의 다음과 같은 발언은 실로 전율이 일어날 정도다.

"자기들이 못나서 남에게 볶이네, 잡혀 먹네, 걱정하지. 나같이 행세하면 아무 걱정 없지."

주위를 둘러보면 부하직원들은 상관을 욕하고 서민들은 부유층을 헐뜯고 학생들은 선생의 무능을 탓한다. 그러나 좀 더 들여다보면 그게 전부는 아닐 것이다. 비록 그렇게 위에서 괴롭히고 제구실을 못해서 문제가 야기되지만, 늘 부대끼는 사람끼리라도 제 잇속만 챙기느라 서로를 짓밟거나 제 잇속도 없이 심술을 부리느라 서로를 괴롭히지만 않는다면 초라한 산 속이나 화려한 수궁 모두 천국일 것이다.

사람 사는 곳은 그 어디나 천국일 수 있다는 말이 사람 사는 곳은 그 어디나 지옥일 수도 있음을 의미한다는 걸 새삼 깨닫는다. 문득 호랑이보다 여우가, 여우보다 다람쥐가 더 미워진다.

마음이 더욱 답답해지기 전에 보고 싶은 친구에게 연락을 해봐야겠다. 각자 좋아하는 술을 한 잔씩 들고 건배를 하고 나면 좀 나아지지 않을까. 잔을 높이 들고 함께 입 모아 이렇게 외쳐 보련다.

"산 속이나 수궁이나 어디나 천국!"

묵은 달력과 볶은 씨앗

　옛날, 도회지에 사는 높은 벼슬아치와 산사에 사는 고승이 친한 사이였다. 고승은 산 속에 사는 터라 필요한 물건을 쉽게 구하지 못했고 그럴 때마다 벼슬아치 친구에게 부탁을 했다.
　"자네, 내가 달력이 좀 필요한데 구해 줄 수 있겠나?"
　요즘처럼 달력이 흔하지 않던 시절이니 여간한 자리에 있지 않고서는 달력의 여분이 있을 턱이 없었다.
　"달력이라. 그래 내가 한번 구해 보겠네."
　그런데 이 벼슬아치 친구에게 문득 장난기가 발동했다. 고승에게 달력을 보내긴 보냈는데 햇달력이 아닌 묵은 달력을 보낸 것이다. 그런 줄도 모르고 고승은 묵은 달력을 열심히 보았고, 나중에서야 그것이 묵은 달력임을 알고 무척이나 허탈해했다.

  또 한번은 고승이 그 친구에게 귀한 산나물의 씨앗을 내려 보냈다. 벼슬아치 친구는 봄이 되어 그 씨앗을 밭에 심어 보았지만 어찌된 일인지 아무리 기다려도 싹이 나지 않았다. 나중에 알고 보니 그것은 볶은 씨앗이었다.

  이 옛이야기를 그저 세상 물정 어두운 사람들을 꼬집는 이야기로 생각할 수도 있지만 들여다볼수록 그런 어리석음만을 이야기하려는 게 아니라는 생각이 든다. 이야기 속의 등장인물이 높은 벼슬아치와 산사의 고승이라는 점 때문이다.

  높은 벼슬을 하려면 아무래도 그에 걸맞은 학식을 갖추었을 테고, 산사에서 도를 닦는 고승이이라면 여느 스님과는 다른 고매한 면모가 있을 것이다. 허나 이야기 속에서는 우습게도 전생과 후생까지 훤히 꿰뚫고 있을 법한 스님이 묵은 달력과 햇달력을 구분하지 못하고, 백성들 다스리는 것을 업으로 삼는 벼슬아치가 씨앗이 볶은 씨앗이라는 사실조차 까맣게 모른다.

  이는 산 속에 들어앉은 고승으로서는 속세를 모르는 것이고, 속세에 사는 속인으로서는 산 속 일을 모르는 것으로 해석할 수 있다. 즉 산 속에서는 제 아무리 똑똑하다는 고승도 산 밖에서는 바보가 되고, 속세에서는 권세깨나 있다는 벼슬아치도 산 속 일에 있어서만큼은 역시 무지하다는 뜻이다.

　　작년, 교과서 집필과 관련하여 전국 각지의 교수와 교사 100여 명이 모여 회의를 한 일이 있다. 나는 그렇게까지 많이 모일 필요가 있을까 의아했지만 회의가 시작되고 나서 나는 내 생각이 잘못된 것임을 깨달았다. 해당 학년에 맞는 교육 내용을 두고 협의하는 과정에서 지역에 따라 교사들의 입장이 달랐던 것이다.

　　"이 정도 내용을 2학년 교과서에 넣기에는 수준이 너무 낮습니다. 이것도 모르는 아이가 한 반에 몇이나 있을까요?"

　　대도시에서 근무하는 교사의 말이었다. 그렇지만 곧 저편에서는 다른 의견이 나왔다.

　　"제가 근무하는 시골 학교는 사정이 전혀 다릅니다. 그 정도라면 도리어 학생들이 버거워할지도 모릅니다."

　　이처럼 내 입장에서 당연한 것도 저쪽 편에서는 전혀 다르게 받아들일 수 있다. 그러니 어떠한 경계를 사이에 두고 있을지라도 서로의 입장을 이해하기 위해 더 노력해야 한다. 산 속에서 도를 닦는답시고 속인을 깔보거나 세속에서 세상일을 좀 안다고 해서 산 속 도인을 무시하지 않는 아름다운 조화 말이다. 더 나아가 산 속에 있다고 해서 세상일에 무관심하거나 속세에 있다는 걸 내세워 산 속 일에 절벽인 사람도 없기를 바란다.

　자신의 일에 열중하는 것도 좋지만 때로는 다른 사람 일에도 관심을 기울이고, 자기와 다른 분야에도 눈과 귀를 열어 둘 필요가 있다. 그렇게 다른 쪽 일을 대략으로나마 파악하고 있을 때 서로 간의 소통이 가능하고 소통이 제대로 이루어질 때 마음의 물들이 고이지 않고 흘러 썩지 않는다.

　모쪼록 우리 마음의 큰 물줄기가 툭 터져서 이쪽저쪽 여기저기를 두루 넘나들며 모두를 풍요롭고 윤택하게 하기를 간절히 소망한다. 헨리 포드가 말했듯이, 성공의 비결 또한 타인의 입장을 이해하고 자기 입장과 타인의 입장에서 사물을 보는 능력에 지나지 않을 테니까.

허망한 끝, 우스운 끝

옛날, 여우가 길을 가다가 메추리를 만났다. 마침 배가 출출하던 차에 잘 됐다 싶어 잡아먹으려는데 메추리가 말했다.

"나를 살려 주면 배 터지도록 먹게 해줄게."

여우는 그깟 작은 메추리 하나 잡아먹어봤자 배도 부르지 않을 테고 혹시나 하는 마음에 그러자고 했다.

그때 마침 촌 아낙이 광주리에 들밥을 이고 가는 중이었다. 메추리는 그 앞에서 날갯짓을 하며 폴짝 뛰었다. 아낙은 들밥을 내려놓고 메추리를 잡으려고 이리저리 뛰어 다녔다. 메추리는 잡힐 듯 잡힐 듯 조금씩 앞으로 나아갔다. 그렇게 조금씩 앞으로 나아가다 보니 어느새 제법 멀리까지 오게 되었다.

아낙이 손을 뻗어 메추리를 잡으려는 순간, 메추리는 하늘로 포로롱 날아가 버렸다. 공연히 헛고생을 한 아낙이 다시 광주리가 있는 곳으로 돌아왔을 때는 여우가 이미 광주리 속 들밥을 깨끗이 먹어치운 뒤였다. 하늘 위에서 그 광경을 지켜보던 메추리가 여우에게 말했다.

"어때, 내 말이 맞지? 배불리 먹었으면 이번에는 아주 우스운 꼴을 보여 줄까?"

여우는 흥미진진한 표정으로 메추리 뒤를 따랐다. 길가에서는 옹기장수 형제가 옹기 짐을 어깨에 나란히 지고 걷고 있었다. 메추리는 앞서 걷던 형의 옹기 짐 위로 폴짝 뛰어올랐다. 동생이 그것을 보고 손을 내저어 잡으려 했지만 닿을 듯 닿지 않았다. 오기가 생긴 그는 앞뒤 재볼 겨를도 없이 들고 있던 작대기를 들어 메추리를 내리쳤다. 그러나 순간 메추리는 날아가고 옹기만 박살나 버렸다. 영문을 모르는 형은 동생의 멱살을 잡고 한바탕 소동이 났다.

메추리가 여우에게 다가와 웃으며 말했다.

"어때? 정말 우습지?"

사람들의 습성 가운데 참 이상한 것이 있다. 무엇이든 일단 제 것이 되면 그것의 가치를 잘 모르는 것처럼 행동하는 것이다. 그것을 얻기 위해 자기가 그동안 쏟아 부은 노고 따위는 아무것도 아니라는 듯 너무 쉽게 시선을 다른 데로 돌리곤 한다. 잡은 물고기에는 더 이상 떡밥을 주지 않는다는 둥 떠벌리면서 말이다.

이 옛이야기 속의 아낙이나 옹기장수에게는 지금 당장 들밥이나 옹기만큼 중요한 게 없다. 어쨌거나 들밥은 나와 가족들의 에너지를 만들어 주는 삶의 원천이고, 옹기는 생업의 수단이기 때문이다. 그러나 눈앞에 작은 메추리가 한 마리 나타나자 사태는 급변하고 만다. 아낙은 허망하게 들밥을 잃었고, 옹기장수는 우습게도 스스로 옹기를 깨고 형제간에 싸움만 하게 됐다.

대학에서 학생들을 가르치다 보니 여러 사람들과 머리를 맞대고 함께할 일이 그리 많지는 않지만 그래도 연구 프로젝트를 진행하거나 총서 등을 출간하기 위해 여러 명이 모일 때가 있다. 그때마다 느끼는 것은 그 일이 성사되기까지 들이는 노력에 비해 막상 시작 이후에는 시큰둥하다는 사실이다. 프로젝트를 따내느라 열심히 제안서를 쓰고, 집필 계약을 하느라 이리 뛰고 저리 뛰다가도 막상 그것이 성사되어 일을 시작할 때면 다들 다른 일로 바쁘다며 얼굴 보기조차 힘든 경우가 많다. 그것은 이미 이루어진 일이라고 생각하기 때문이다. 그런 생각으로 일에 소홀하다 일이 중도에 엎어지면 그만큼 큰 낭패도 없고 허망한 일도 없다.

더욱 슬픈 것은 메추리 한 마리에 일을 망치는 사람들이 대부분 그리 넉넉한 편이 아니라는 사실이다. 넉넉한 살림이었다면 이야기 속의 아낙이나 옹기장수 또한 체면 구겨가며 굳이 메추리를 잡으려고 그리 허둥대지 않았을 것이다. 이야기에서 꿩이 아닌 작은 메추리를 설정한 것도 다 그런 까닭으로 이래저래 가진 게 적은 사람들을 더 허망하고 우습게 만든다.

가만 생각해 보면 이 모든 것이 아무것도 가지고 있지 않다가 무언가가 생기게 되면 거기에 무엇 하나 더 얹고 싶은 심리 때문에 생기는 듯하다. "말 타면 경마 잡히고 싶다"라는 속언처럼 넉넉해지면서 외려 안정을 해치기도 한다. 삼 년 부은 적금을 주식 투자 반년 만에 다 까먹었다는 어느 직장인의 하소연 또한 같은 맥락에서 안타깝기 그지없다.

까짓 메추리 한 마리. 손에 넣고 싶은 심정은 이해하지만 그보다 더 소중한 걸 손에 쥐고 있다면 그냥 못 본 척 눈감는 것이 좋겠다. 지금 내 손에는 가족과 들에 둘러 앉아 맛있게 먹을 들밥도 있고 장에 내다 팔 옹기도 있지 않은가. 그래도 참지 못하겠다면 먼저 들밥이나 옹기 짐을 단단히 챙긴 뒤에 다시 한번 생각해 보자.

이 세상과 저 세상

　어느 고승이 상좌를 데리고 시주를 다녔다. 고래 등 같은 기와집의 대문을 두드렸더니 하인이 문을 열어 주었다. 목탁 소리에 방에서 나온 그 집 마나님은 입을 삐쭉거리며 매섭게 쏘아붙였다.
　"우리 먹을 것도 없는데 늬들 줄 게 어디 있어!"
　참으로 고약한 인심이었으나 고승은 역시 고승이었다.
　"백세장수(百歲長壽) 하십시오."
　인사를 건네고 그 집을 빠져나와 다시 발걸음을 옮겼다. 길을 가다가 들밥을 이고 가는 촌 아낙을 만났다. 시주를 부탁하자 촌 아낙은 남편이 먹을 밥이었지만 갸륵하게도 들밥을 그들에게 내주었다. 고승은 촌 아낙에게 고개를 숙이며 인사를 건넸다.

"빨리 세상을 뜨십시오."

곁에 있던 상좌는 고승이 건네는 인사의 뜻을 도무지 이해할 수 없었지만 차마 묻지 못했다.

그 이후로 오랜 세월이 지났고 고승은 여전히 상좌와 함께 여기저기 시주를 부탁하러 다녔다. 그러다 하루는 마을 어귀에 있는 감나무 밑에서 머리 허연 노파를 만났다. 땅바닥에 거의 몸이 붙을 정도로 등이 굽은 노파는 떨어진 감을 주워 먹고 있었다. 고승이 상좌에게 말했다.

"저 할멈이 바로 오래전 우리를 내쫓았던 그 부잣집의 마나님이다. 오래 살더니 저리 되었다."

그들은 계속 길을 가다가 높은 벼슬아치의 행차를 보게 되었다.

"저기 저 쌍교(雙轎, 말 두 마리가 각기 앞뒤 채를 매고 가는 가마)를 타고 가는 여인을 보거라. 일찍 죽어서 다시 태어나더니 저렇게 귀한 부인이 되었다."

고승은 상좌에게 그 여인이 지난날 남편의 들밥을 시주했던 촌 아낙이라고 말했다.

아무리 보아도 불교의 윤회설이 아니고는 설명할 길이 없어 보인다. 게다가 여기에 인과응보니 권선징악이니 하는 말을 덧보태면

내용은 너무 상투적인 틀에 갇혀 버린다. 그러나 이 이야기는 그것이 아닌 사회 통념상의 복(福)이 실은 그리 대단한 것이 아니라는 점에 주목하고 있다. 《장자》에 나오는 '오래 살면 욕되는 일이 많다'라는 뜻의 수즉다욕(壽則多辱)처럼 누구나 오래 살기를 바라지만 이 이야기와 같이 그로 인해 욕을 보는 일이 왕왕 있는 것이다.

어디 그게 수명뿐일까. 오래 산 사람, 돈을 많이 번 사람, 명예가 높은 사람, 권세깨나 있는 사람들이 사실은 저마다 그만그만한 욕(辱)을 끼고 산다. 그러니 돈이고 명예고 권세고 그것 자체가 지복(至福)이라고 생각할 필요는 없다. 그것을 절대화하는 순간 영예가 오욕으로 돌변하는 수가 제법 있지 않던가.

아울러 이 이야기에서 놓칠 수 없는 또 한 가지 사실은 '이 세상'이 결코 끝이 아님을 말하고 있다는 점이다. 그렇다고 구태여 내세를 말하고자 하는 것은 아니다. 꼭 내세가 아니어도 이 세상 '이쪽'에서의 파멸이 저 세상 '저쪽'에서의 비상이 될 가능성은 얼마든지 있다는 사실을 일러 준다.

지금 하고 있는 일, 지금 몸담고 있는 이쪽이 마음에 들지 않는다고 낙담할 필요는 없다. 이쪽에서 저쪽으로 넘어가길 꿈꾸는 순간부터 희망이 다시 피어날 테니. 그런데 이상하게도 청춘의 끄트머리까지는 늘 '저쪽'으로 뛰어넘을 궁리에 골몰하다가도 청춘이 쇠했다고 느낄 무렵이면 우리는 곧잘 포기한 채 어딘가에 걸터앉고 만다. 일어선 것도 주저앉은 것도 아닌 어정쩡한 자세로 시간만 보내면서 말이다. 누군가 이런 때를 오후 3시로 비유한 적이 있다. 무엇을 새로 하기에는 좀 늦은 듯하고 그렇다고 포기하기에는 이른 시각이라는 것이다.

오후 3시, 아직 날이 훤하다. 저쪽으로 가는 다리 하나만 건너면 피안(彼岸)인 것을 행여 기와집 한 채, 들밥 한 광주리에 발이 걸려 황금 같은 오후를 허송하고 있지는 않은지 나부터 반성해 본다.

나무꾼의 눈물

　십 수 년 전, 참으로 무료한 오후였다. 마침 마무리하던 일도 끝나고 무엇을 할까 망설이다가 당시 젊은이들 사이에 유행하던 채팅을 한번 해보기로 했다. 그러나 큰맘 먹고 컴퓨터 앞에 앉았지만 통신언어에 익숙지 않아서 영 흥이 나질 않았다. 그런데 그때 내 눈을 사로잡은 대화명이 있었으니 바로 '나무꾼'이었다. 평소 자주 입에 달고 다니던 '나무꾼'이란 나의 애칭을 대화명으로 쓰는 사람이 있다니 반가운 마음에 대화를 신청했다.
　아니나 다를까, 상대는 선녀 때문에 상심한 사람으로 어떤 위로도 소용없는 중증의 실연증 환자였다. 그는 자기보다 한참 높은 데 사는 여자를 사랑하여 잠시 뜻을 이룬 듯했지만 끝내 사랑을 잃어

버린 슬픔을 내게 소상히도 털어놓았다. 사실은 말할 필요도 없는 일이었다. 내가 바로 전직 나무꾼이었으니까.

〈선녀와 나무꾼〉 이야기에 비춰 보았을 때 나무꾼이 선녀를 만난 것은 우연이 아니다. 불쌍한 사슴을 구해 주고 그 덕에 잠깐 동안이지만 꿈같은 시간을 보냈으니 나무꾼 입장에서도 그리 억울할 게 없다. 그래도 우울한 기운이 가시지 않는다면 슬픔이 밀려올 때마다 '나는 행복하다'를 주문처럼 되뇌다가 가끔씩 술도 마시고, 그렇게 조금씩 선녀와의 기억들을 흐릿하게 지워 가면 그뿐이다.

나는 채팅 창 건너편의 나무꾼에게 지난날의 내 경험이 잘 전달되기를 바라면서 열심히 키보드를 두드렸다. 어쩌면 세월이 흘렀음에도 그 상처를 기억하는 내 가슴에 대고 두드려댔는지도 모른다.

지금 생각하면 부끄럽지만 내가 이해하는 〈선녀와 나무꾼〉 이야기는 그렇게 조악한 것이었다. 그러나 최근 어느 심리학자의 해설을 들은 뒤 비로소 선녀와 나무꾼을 삼류 멜로드라마의 주인공에서 구해낼 수 있었다. 실연에만 너무 골몰한 나머지 〈선녀와 나무꾼〉의 그 뒷이야기를 까맣게 잊고 있던 것이다.

이야기는 날개옷을 되찾은 선녀가 두 아이를 데리고 하늘 위로 올라간 것으로 끝나지 않는다. 나무꾼의 간절한 소망으로 하늘에서 동아줄을 내려주었고 나무꾼은 그 줄을 타고 하늘로 오를 수 있었다. 하지만 땅에 계신 어머니가 보고 싶어서 다시 천마를 타고 땅으로 내려온다. 그렇게 어머니 얼굴을 뵌 뒤 다시 하늘로 오르려다가 어머니가 끓여 주는 호박죽을 말 잔등에 쏟는 바람에 땅에 떨어져 다시는 하늘로 오르지 못한다. 그 후 나무꾼은 수탉이 되었고, 지붕 위에서 하늘을 쳐다보며 운다는 것이 〈선녀와 나무꾼〉의 결말이다.

나이가 들어서일까 〈선녀와 나무꾼〉 이야기를 그저 한 남자의 실연담으로 기억하고 있던 내게 그 뒷부분의 이야기가 예사롭지 않게 들린다. 오히려 그곳에 이 이야기의 무게중심이 있을지도 모르겠다는 생각이 든 것이다.

나무꾼이 일을 그르치게 된 데는 선녀의 날개옷을 제대로 감추지 못한 잘못이 크다. 하지만 그는 잘못을 만회할 기회가 분명히 왔음에도 또 다시 실패하고 만다. 바로 어머니의 호박죽 때문이다.

하늘나라에서 좋은 음식을 원 없이 먹어 보았을 그에게 그깟 호박죽이 무슨 대수일까만 어머니가 끓여 주는 것이라면 어느 누가 거절할 수 있을까. 누구에게나 어머니는 정으로 똘똘 뭉쳐진 분이다. 땅에서 하늘로 오르려는 이상을 몇 차례씩 망친 것도 따지고 보면 모두 다 그런 인정 때문일 게다. 나무꾼은 선녀의 날개옷을 끝까지 감춰 둘 만큼 독하지 못했고, 기껏 하늘로 올라가서는 땅에 계신 어머니 생각에 시름했으며, 땅으로 내려와서는 어머니의 호박죽을 뿌리치지 못했다. 하늘로 오르지 못한 것이 호박죽 때문이라고 생각했다가도 결국 나무꾼은 그것이 자신의 인정 때문이었음을 깨달았을 것이다. 그 슬픔에 하늘나라를 잊지 못하는 수탉이 되었고, 지붕 위에 올라 하늘을 향해 처연하게 울부짖는 것이리라.

"꼬끼오! 꼬끼오!"

이래저래 나는 나무꾼의 운명을 타고 났나 보다. 사랑을 잃은 나무꾼이 아닌 어머니의 호박죽을 뿌리치지 못한 나무꾼이 되어 보기도 했으니 말이다.

지난해 나는 어머니의 만류로 외국에서의 연구년을 포기한 채 국내에 남기로 결정했다. 그러자 많은 사람들이 걱정하며 안타까움을 드러냈다. 그러나 한 선배만은 달랐다.

"이 선생, 참 소중한 시간이야!"

나는 그 말에 담긴 진심을 알기에 참 고마웠다. 그 선배 역시 홀아버지를 모시느라 적잖이 마음 쓰고 지내는 것을 아는 터라 더욱 그랬다.

반면, 지난여름에는 태평양 저편에 있는 처자식을 만나러 달포가량 여행을 했었다. 비행기가 이륙하던 순간, 미묘한 생각이 나를 사로잡았다. 오랜만에 처자식을 보러 가는 길이었지만 한편으로는 어머니를 까마득한 곳에 홀로 남겨 두고 떠나는 길이기도 했다. 하늘나라에서 땅에 있는 어머니를 그리며 지내던 시간이나 다시 하늘나라가 그리워 지붕 위에서 처연히 울어대는 시간 모두 나무꾼에게는 소중한 시간임을 나는 깨달았다.

이제 나는 세상의 나무꾼들에게 말해 주련다. 슬퍼도 너무 슬퍼하지 말자고. 하늘에 끝내 오르지 못한 채 지붕 위에서 올려다 봐야 하는 쓸쓸한 실패담을 인정 많던 과거의 훈장으로 기억하자고. 회한은 회한으로 남겨 두더라도 어머니의 푸근함이나 호박죽의 따스함만큼은 소중히 기억하자고. 그리고 행여 다시 한번 그런 기회가 온다면 그때는 마음 단단히 먹고 하늘로 꼭 올라가자고.

물결 셋

너도 많이 힘들구나

네 신세가 내 신세
송하에 앉은 저 중아
슬프다, 황호랑이
갈매기 울음
원과 한
유식한 바보를 위한 변명

네 신세가 내 신세

악을 직접 대적하는 일은 참 멋지다. 겁 없이 달려드는 그 호기가 빛나는 것이다. 옛이야기에서는 영웅이 나서서 지하세계의 괴물을 물리치기도 하고, 동화 속에서는 왕자가 공주를 구하기 위해 사악한 용의 목에 칼을 꽂기도 한다. 지금 당장 영화관에만 가 보더라도 최소한 한두 개의 스크린에서 주인공이 멋지게 악당을 물리치는 영화가 상영 중일 테니 악을 물리치는 데서 느끼는 희열은 우리가 상상하는 것 그 이상임에 틀림없다.

그러나 그런 일이 과연 현실적인가 반문해 보면 꼭 그렇다고 대답하기는 힘들다. 슬프게도 007영화의 통쾌한 활극은 스크린만 벗어나면 맥을 못 추는 법이다.

옛날, 어느 마을에 큰 동굴이 있었는데 그곳에는 몸집이 크고 무척이나 사나운 지네가 한 마리 살았다. 말이 지네지 요망한 술법을 부리는 커다란 괴물이었다. 이 지네는 마을 사람들에게 제물로 처녀를 요구했다.

"너희들이 내게 화를 입지 않으려면 일 년에 한 명씩 처녀를 바치도록 해라."

마을 사람들은 하는 수 없이 섣달그믐이면 처녀를 제물로 바치곤 했다. 자원하는 이가 있을 리 없어 제비뽑기를 통해 처녀를 한 명씩 골라 바치는 식이었다.

그해에도 예외 없이 어느 처녀가 제비뽑기로 뽑혔다. 도망치는 것도 방법이겠지만 그랬다가는 자기 가족은 물론 마을 사람들이 지네에게 화를 입을 것이 걱정이었다. 그녀는 그저 죽을 날만 기다리는 딱한 신세가 되어 섣달그믐이 더디 오기만 빌 뿐이었다.

그러던 어느 날, 처녀가 부엌에서 밥상을 차리는데 두꺼비 한 마리가 옆에 와서는 눈만 끔벅거리고 있었다. 처녀는 두꺼비를 보자 가여운 생각이 들었다.

"배가 고픈 게로구나. 이렇게 날이 추운데 불쌍하기도 하지. 이거라도 먹으렴."

처녀는 두꺼비에게 밥찌꺼기를 주었다.

그 다음 날도 두꺼비는 처녀를 찾아왔고 처녀는 두꺼비에게 먹이를 주었다. 며칠 동안 그런 일이 반복되면서 두꺼비는 끼니때마다 처녀를 찾아와 먹이 주기만을 기다렸다. 처녀는 처녀 대로 두꺼비에게 먹이 주는 일을 기다리며 가여운 두꺼비를 돌보았다.

그러나 시간이 흘러 어느덧 섣달그믐이 되었다. 그날도 어김없이 두꺼비가 부엌에 나타났다. 그러자 처녀는 눈물을 흘리며 두꺼비에게 말했다.

"두껍아, 많이 먹어라. 내일부터는 먹이를 줄 수 없으니 오늘이라도 실컷 먹으렴."

처녀는 마을 사람들의 손에 이끌려 지네가 사는 동굴 앞에 차려진 제단으로 걸어갔다. 이윽고 무시무시한 지네가 처녀 앞에 나타났고, 의식을 거행하라는 명령이 떨어졌다. 그런데 그때 어디선가 두꺼비 한 마리가 나타나더니 지네를 공격하기 시작했다. 둘이 치고받고 싸우기를 수차례. 마침내 지네와 두꺼비 모두 죽고 말았다.

그 덕분에 목숨을 구한 처녀는 두꺼비의 장례를 정성껏 잘 치러 주었다. 그 뒤로 마을에는 지네의 재앙이 다시는 일어나지 않았다.

흔히 〈지네장터〉라고 불리는 옛이야기다. 그런데 이 이야기에서 처녀는 지네의 제물로 목숨을 내놓아야 하는 상황에서 왜 꼼짝 못하고 가만히 있었을까? 마을 사람들에게 지네에 맞서 함께 싸우자고 하든가 하다못해 사람들 눈을 피해 야반도주라도 해야 하지 않았을까?

처녀는 그 엄청난 악을 순순히 받아들이며 운명의 시간을 기다릴 뿐이었다. 이야기에 등장하는 상대는 발이 숱하게 달린 지네가 변신한 괴물 중의 괴물로 여느 악한 상대와는 차원이 다르기 때문이다. 말을 듣지 않으면 마을 전체가 완전히 끝장날 만큼 상대가 대단한 존재일 때는 악에 대적하기보다는 회피하는 쪽을 택할 수밖에 없다. 그러나 악을 회피하는 것으로 해결될 만한 일은 그리 많지도 않고 있다한들 이야깃거리도 못된다.

이 이야기에서 중요한 사실은 처녀가 악을 그저 회피하기만 한 것이 아니라 결과적으로 가장 강력한 대책을 마련했다는 점이다. 두꺼비에게 남는 밥찌꺼기를 준 일쯤이 무슨 대수냐 하겠지만 처녀의 상황에서 그런 마음을 쓰기란 여간 어렵지 않다. 당장 제가 죽을 판에 다른 누군가를 돌볼 여유가 어찌 생기겠는가. 그러므로 처녀가 두꺼비에게 건넨 밥찌꺼기는 먹이 그 이상이며 자신의 목숨이 경각에 달린 와중에 다른 생명을 돌보는 소중한 마음씨다.

나아가 이 이야기를 잘 들여다보면 '지네 대 처녀'의 관계가 실은 '처녀 대 두꺼비'의 관계임을 알 수 있다. 처녀는 지네 앞에서 무기력한 존재다. 지네가 목숨을 요구하면 목숨을 내줄 수밖에 없다. 두꺼비 역시 처녀가 주는 밥찌꺼기에 의지해서 목숨을 연명하는 만큼 무기력한 존재다. 이 점에서 처녀가 제물로 바쳐지기 직전에 두꺼비를 걱정하는 마음이 사실상 이 이야기의 모든 것이다. 처녀가 보인 두꺼비에 대한 연민은 한편으로는 기막히게 슬픈 자기 처지에 대한 연민이기도 하니 말이다.

오래전 사형수들의 일화를 모아 놓은 책을 읽은 적이 있다. 얼마나 악한 죄를 저질렀으면 사형을 당할까 싶었지만 책에 그려진 사형수들의 모습은 또 달랐다. 물론 큰 죄를 저지른 만큼 악독한 것도 사실이지만, 더러는 일반 잡범들과 달리 기품이 있었고 뜻밖에도 삶에 대한 애착이 보통 사람들보다 더하기도 했다.

영화에서 몇 번 본적이 있지만 그 책을 통해서도 쥐나 새 등에게 먹이를 주는 사형수들의 모습을 쉽게 엿볼 수 있었다. 자신의 남은 목숨도 가늠하기 어려운 상황에서 다른 생명에게 먹이를 주는 행위가 실은 자기 자신에 대한 연민일 것이며, 생명에 대한 외경을 느끼는 순간이 아니었을까 싶었다.

이야기 속의 두꺼비로 말하자면 밥찌꺼기나 얻어먹으면서 연명해야 하는 연약한 존재지만 알려진 대로 몸에 독(毒)을 품고 있다. 그 때문에 작고 힘없는 두꺼비가 괴물이나 다름없는 지네와 싸움을 한판 벌일 수 있었다. 그리고 그것이 바로 독기라고는 전혀 찾아볼 수 없는 처녀가 지네를 이길 수 있는 근본적인 이유였다. 처녀에게 있는 것이라고는 오직 연민뿐이었지만 그것이 남의 맹독(猛毒)을 빌려 괴물을 물리치는 기적을 일구어 낸 것이다. 이렇고 보면 악한 상대를 꼭 자신이 직접 처단할 필요는 없을 것 같다. 이야기에서처럼 대적하기 어려운 상대일수록 더욱 그런 게 아닌가 한다.

문득 자신의 처지가 초라하게 느껴질 때는 자탄만 말고 다른 누군가를 연민해야겠다. 내 처지가 이럴 때야 나보다 못한 처지가 왜 또 없을까 하면서 말이다. 누군가 그랬단다. "연민, 비참의 청소부!"라고.

송하에 앉은 저 중아

옛날, 어떤 가난한 사람이 아내와 딸 하나를 데리고 살았다. 하루는 친구가 찾아와 인근 마을에 사는 80세 노인이 한 섬지기 땅을 걸고 어린 첩을 구한다는 소식을 전했다.

"여보게, 내 할 말은 아니지만 자네 딸을 그 노인에게 시집보내는 게 어떻겠나? 자네 형편에 제대로 된 집에 딸을 시집보내기도 어려울 테고, 그리 하면 자네 살림도 좀 펴지지 않겠는가?"

그러나 남자는 딱 잘라 거절했다.

"내가 굶어죽는 한이 있어도 그럴 수는 없다네. 비록 가난한 형편이지만 내게는 눈에 넣어도 아프지 않은 귀한 딸이라네."

그러나 그 얘기를 엿들은 딸의 마음은 달랐다. 부모님이 밥을 굶는 판에 제 입 하나 덜 수 있고 농사지을 작은 땅이라도 생긴다면 누구에게 시집을 가도 상관없을 것 같았다. 딸은 부모님을 설득하고 부득부득 우겨서 결국 인근 마을에 사는 노인에게 시집을 갔다.

노인은 벼슬을 지낸 점잖은 사람이었다. 어린 첩과 함께 지내기에는 자식들의 눈치가 보여서 가까운 곳에 초당(草堂)을 하나 마련해 놓고는 첩을 그곳에 살게 했다.

그러던 어느 날이었다. 집안 식구들이 모두 나간 틈을 이용해 노인은 초당으로 건너왔다. 나이 80에 이렇게 어린 첩을 얻게 된 것이 도저히 믿겨지지 않았다. 우선 흥을 돋워야 할 것만 같아서 나지막한 목소리로 이렇게 말했다.

"애야, 노래나 좀 해보거라."

그러나 가난한 집의 딸은 누구 앞에서 노래를 해본 일이 단 한 번도 없었다. 그는 머뭇거리다 그저 먼발치로 보이는 풍경을 보며 노랫가락 비슷하게 읊조렸다.

"송하(松下)에 앉은 저 중아 / 게 앉은 지가 몇 해일러냐

절을 잊어서 못 가느냐 / 집을 몰라서 못 가느냐

오도 가도 못하기는 / 너나 내나 일반이라."

노인은 그래도 양식(良識)이 있는 사람이었다. 그 노랫가락이 어찌나 슬프던지 정신이 퍼뜩 들었다. '아아, 내가 노망이 들었구나. 이런 어린 아이를 첩으로 둘 생각을 하다니, 내가 못된 놈이구나.'

노인은 즉시 이렇게 일렀다.

"얘야, 내일 아침 가마를 하나 불러줄 테니 다시 가족이 있는 집으로 돌아가거라. 네 집에 준 땅은 네 몫이니 그냥 가져도 된다. 모쪼록 잘 살도록 해라."

이 옛이야기를 읽으면서 이야기니까 그렇지 어디 노래 한 가락에 사람 감동 받기가 그리 쉬울까 하며 고개를 젓는 사람이 있다면 참으로 유감이다. 젊은 사람이면 몰라도 적당히 나이가 든 사람이라면 인생에서 한두 번쯤 노랫가락에 마음이 짠해지는 순간이 없지는 않을 테니 말이다.

이야기 속의 딸은 가난과 여성이라는 굴레 탓에 선택의 여지가 없었다. 물론 아버지의 뜻대로 노인에게 시집을 가지 않을 수도 있지만 여자는 출가외인이라는 인식이 강하고 제 한 몸 희생하여 가정에 보탬이 되는 게 미덕으로 여겨지던 시대에 그런 혼사 자리를 알고도 마다하기는 어려웠을 것이다.

옛이야기에서 이렇게 처지가 곤란한 주변 사람들을 주인공의 자발적인 희생으로 구해내는 줄거리는 무척 흔하다. 하지만 이 이야기가 상투적이지 않은 이유는 주인공의 캐릭터가 매우 순진하다는 데 있다. 아버지를 설득하여 노인에게 시집을 가겠다고 자청한 것만 보더라도 심청이가 공양미 삼백 석에 인당수에 뛰어들듯 다른 누군가를 위해 자신을 희생할 줄 아는 인물임을 짐작할 수 있다. 그런 됨됨이만 보더라도 사는 동안 되바라진 행동을 하지 않았을 것이고, 누가 봐도 아주 조신한 처녀였을 것이다.

당시의 조신한 처녀라 하면 남들 앞에서 노래는커녕 이야기도 크게 하지 못했으리라. 주인공 역시 노래를 배운 적이 없었을 것이고 그것이 바로 이 이야기를 푸는 중요한 열쇠가 된다. 아는 노래가 하나도 없는데 남편이 갑자기 노래를 해보라고 하니 참으로 난감했을 것이다. 그러다 눈앞에 보이는 광경을 보며 그저 자신의 심정을 읊어댔고, 그것이 오히려 상대의 마음을 울렸다. '詩(시)'라는 글자가 본디 '뜻을 말하다[言志]'에서 변형된 것이라고 하고, 중국의 경전인 《예기》에 "정이 마음속에서 움직이기 때문에 소리로 나타난다"라는 말이 있는데 이 경우가 아주 적절한 예다. 제 심정을 간절히 읊은 것이 시가 되고 노래가 된 것이기 때문이다.

물론 노래 자체로는 아주 서툴고 곡조 또한 엉망이었을지 모른다. 하지만 노인의 마음을 움직일 만큼은 충분했다. 아니, 그 서툰 진정이 오히려 마음을 움직인 셈이다.

이십 년 전 아버지께서 돌아가시자 그 이후로 우리 집에는 찾아오는 손님이 부쩍 줄었다. 아버지가 안 계신 것도 서운했지만 아버지를 뵈러 오는 손님이 줄고 보니 더욱 쓸쓸했다. 그럴 즈음 시골에서 고모부가 올라오셨다. 근처에 사시는 작은아버지와 함께 모처럼 우리 집에 놀러오셨는데 어머니는 물론 나 역시 무척 반가웠다.

그런데 오래 놀다 가셨으면 하고 바라던 고모부가 저녁 식사를 하고는 이제 가 봐야 할 것 같다고 하셨다. 나는 그저 일이 바쁘신가 보다 생각하고 배웅할 채비를 하는데 어머니께서 참 많이 서운하셨던가보다. 어머니는 일어나려는 고모부를 붙잡고는 이렇게 말씀하셨다.

"내가 노래 한 곡 할 테니 이 술이라도 한 잔 더 드시고 가세요."

나는 깜짝 놀랐다. 어머니의 노래 솜씨는 가사를 빼고 들으면 무슨 노래인지조차 모를 정도로 형편없었기 때문이다. 그런 분이 남들 앞에서 노래를 하겠다고 하시다니. 아무튼 어머니의 노래를 듣고 작은아버지와 고모부는 몇 시간이었지만 좀 더 앉아 계시다 가셨다. 그게 바로 진심이란 게 아닐까.

대학에서 강의를 하다 보면 남들 앞에서 말하는 것을 어려워하는 학생들을 종종 만난다. 그럴 때마다 나는 이렇게 말한다.

"번질하게 말만 잘한다는 인상을 주는 것보다 얼굴이 빨개지고 말을 더듬더라도 진실을 전한다는 인상을 주는 게 훨씬 낫습니다."

우리가 종종 듣는 "진실은 통한다"라는 말이 실은 그리 멀지 않은 곳에 있다. 문제는 진실인가 아닌가, 또 진실이라 하더라도 절실한가 절실하지 않은가, 또 절실하다 하더라도 상대가 마음을 열 태세를 갖추고 있는가 갖추고 있지 않은가의 여부다.

　이야기 속의 주인공이 부른 노래의 절묘함은 붙박이처럼 머물고 있는 '소나무 아래의 중'을 자기와 동일 선상에 놓는 데 있다. 말을 하든 글을 쓰든 절실한 것이 있으면 언제나 그쪽으로 마음이 가는 게 상례다. 소나무 아래 중이 꼭 그렇게 오갈 데가 없지는 않겠지만 오갈 데 없는 처지에서 보면 또 그렇게 보이는 것이다.

　나의 아픔으로 남의 아픔을 헤아리는 그 마음이 노인의 마음을 확 열었을 터, 그러고 보면 여전히 문제는 진실이다.

슬프다, 황호랑이

 사는 것이 참 슬플 때가 있다. 살아간다는 게 그저 다른 생명을 취하는 일의 연속임을 느낄 때 더욱 그렇다. 식탁에 오르는 음식들은 고기며 채소며 모두 하나의 생명이고, 나와 경쟁하는 상대들 역시 하나의 생명이다. 지금 내가 쓰는 이 글이 다른 어떤 이의 글이 설 자리를 대신하는 것이라면 이 글 역시 그런 슬픔 위에 있는 것이겠다. 우리가 살아가는 모든 것이 그렇게 다른 생명들의 중요한 그 무엇을 빼앗는 과정으로 이루어지는 것이라면 어찌 슬프지 않을까.

 그것이 세상의 이치라며 떠들어봤자 수양이 덜 된 못난 소리일 뿐, 그 사실은 변하지 않는다. 이런 사정은 칼이나 활을 들고 사냥을 해서 먹고살던 옛날에나 그런 것이 아니다. 외려 문명이 발달한 곳에서 더 심할 수 있다. 경쟁이 심화되면 불필요한 대립과 승부가 빚어지는 것이다. 특히나 먹이 사슬같은 생존 경쟁에 내몰린 경우가 더욱 심한데, 이런 비애를 누구보다 절실히 경험한 남자가 있다.

옛날, 어느 산골에 황씨 성을 가진 사람이 하나 살았는데 몹시도 가난했다. 딴에는 퍽이나 부지런한 사람이었지만 아무리 애를 써도 먹고살기가 만만치 않았다.

그러던 중 어느 날 우연히 책자를 하나 얻었다. 그런데 읽다 보니 보통 책이 아니었다. 신통한 비방을 담은 이른바 비결서(秘訣書)였던 것이다. 책에는 호랑이로 변신할 수 있는 비법이 소상히 적혀 있었다. 단 그 비법을 행하려면 꼭 그 책이 필요했다.

하루는 황 씨가 그 책을 들고 산에 올랐다. 책에 나온 비법을 시험해 보기 위해서였다. 마음을 단단히 먹고 책에 나와 있는 내용대로 주문을 외며 정신을 집중했다. 그랬더니 금세 커다란 호랑이로 변해 버렸다. 그는 무척이나 신기해하며 날카로운 발톱을 세워서는 "어흥!" 하고 포효했다. 그러자 산 속에 있는 모든 동물들이 벌벌 떨며 숨을 죽인 듯했고 호랑이의 울음소리만 산 전체에 크게 울려 퍼졌다.

세상을 호령하는 듯한 기분을 처음으로 느낀 그는 밤마다 호랑이가 되어 온 산을 누볐다. 사슴이며 노루며 짐승들을 잡아다 생계도 꾸려나갔다. 밤에 산 속을 헤매는 것이 쉽지는 않았지만 모처럼 가장 구실을 제대로 할 수 있다는 기쁨에 그저 흐뭇할 뿐이었다.

그러나 아내의 생각은 달랐다. 밤이면 밤마다 밖에 나가 이슬에 젖어 돌아오는 남편이 몹시도 수상쩍었다. 뭔가 이상한 일을 하고 다니는 게 분명하다고 생각한 아내는 어느 날 밤 몰래 남편의 뒤를 밟아 보았다. 아니나 다를까 무슨 책을 보며 주문을 외던 남편이 금세 호랑이로 변신하여 산 속으로 내달리는 게 아닌가. 그녀는 무서운 마음에 남편이 나무 아래 숨겨 놓은 그 책자를 찾아 불태워 버렸다.

날이 서서히 밝아 올 무렵, 호랑이로 변했던 황 씨가 다시 산에서 내려왔을 때 이미 그 책자는 사라진 뒤였다. 책자가 없으면 다시는 사람으로 돌아올 수 없는 터여서 그는 매일같이 집 주변 산을 맴돌 뿐이었다. 사람들은 그 호랑이를 '황호랑이'라고 불렀다.

옛이야기는 대체로 이야기 초반에 나타나는 주인공의 결핍이나 문제를 풀어나가는 과정을 밟기 마련이다. 이 이야기의 주인공은 몹시 가난하다고 했으니 가난을 풀어 주는 과정이 전개될 것으로 짐작할 수 있다. 그 과정이 뜻하지 않게 얻은 변신 책자로부터 시작

된다는 점이 흥미롭다.

비법이 적힌 책을 통해 호랑이로 변신한 주인공은 옛이야기의 공식에 맞게 일시에 가난을 벗을 수 있었다. 그러나 다른 옛이야기들과 달리 주인공은 큰 부자가 된 것도 아니고 겨우겨우 먹고살 만한 정도가 되었을 뿐이다. 또한 가난을 벗는 과정이 쉬운 것도 아니었다. 밤마다 잠도 못 자고 이슬을 맞아야 하는 고된 삶이 이어졌으니 말이다. 가장 큰 비극은 뭐니 뭐니 해도 밤마다 남편이 밖에 나가는 덕에 먹고살 수 있었음에도 불구하고 아내가 그것을 못마땅하게 생각했다는 점이다.

이 옛이야기를 통해 새삼 가장의 어깨가 참으로 무겁다는 사실을 절감한다. 주인공의 변신이 한두 번 재미에 그치지 않고 지속적으로 이어진 것은 생계를 책임져야 하는 가장의 중압감을 잘 드러내 준다. 또 그것에 대해 속 시원히 아내에게 털어놓기라도 할 수 있다면 좀 낫겠지만 끝까지 비밀을 지켜야 하는 경우라면 갑갑증까지 더해졌을 테니 황호랑이를 생각하면 불쌍하기 그지없다.

누군들 신선처럼 살고 싶지 않을까만 목구멍이 포도청이라고 알량한 생계 때문에 때로는 손에 흙도 묻히고 더러는 남들의 손가락질을 받기도 한다. 내가 그들을 대변할 수 있는 처지는 못 되지만 혹여 그런 사람을 보더라도 훈계나 참견, 비난이나 야유를 보내기 전에 속내부터 알아봐야 할 것이다.

무엇보다 아내들은 남편이 황 씨처럼 생계를 위해 집밖을 맴돌거나 설령 그렇지 않은 남편이라도 새벽녘 집에 들어올 때의 그 밤이슬만큼은 못마땅하게 여기지 말 일이다. 아울러 때로는 그들이 고민하고 사색할 수 있는 혼자만의 공간을 인정해 주었으면 한다. 수컷이란 본디 제 영역을 확보하려는 욕구가 강한데 그걸 꺾어 놓으면 힘을 쓰기가 어렵기 때문이다.

　

어느 유명 개그맨이 결혼한 뒤 토크쇼에 나왔다. 사회자는 대뜸 그에게 결혼의 의미가 무엇이냐고 물었다.
"아내가 끓여 주는 된장찌개지요."
평소 재치 넘치는 말솜씨로 사랑받는 그에게 참 어울리는 대답이었다. 노총각으로 오래 지낸 탓에 아내의 음식이 좋았나보다 생각했는데 뒤에 이어지는 말이 압권이었다.
"집에 들어갔는데 현관에서 된장찌개 냄새가 나면 행복합니다. 그러나 모처럼 친구들을 만나고 있는데 '된장찌개 끓여 놓았으니까 일찍 들어와'라는 전화가 올 때는 난감하지요."
똑같은 된장찌개가 사람을 행복하게도 했다가 난감하게도 하는 것, 그것이 결혼이고 세상의 이치다.
황호랑이의 서글픔 역시 그런 데에서 멀리 있지 않을 것이다. "남자는 자기 집에서 벗어나 있을 때 가장 활발하다"라는 셰익스피

어의 말에 다소 과장이 있다하더라도 아내들이 가끔씩 그 활발함을 독려할 수만 있다면 얼마나 좋을까. 이는 물론 아내를 대하는 남편에게도 해당되는 이야기다. 누가 뭐래도 부부가 서로를 믿고 의지할 때만이 느닷없이 찾아온 복도 순수하게 받아들일 수 있을 듯싶다.

갈매기 울음

《구약성서》에 다음과 같은 말이 있다.

"헛되고 헛되며 헛되고 헛되니 모든 것이 헛되도다."

이 말을 한 사람은 왠지 세상의 온갖 고통을 다 겪었을 듯하지만 실은 정반대다. 지혜로움의 상징인 솔로몬이 한 말이기 때문이다. 그는 이스라엘의 왕으로 왕국의 전성기를 이룬 사람이며, 세상의 부귀영화를 다 누려 본 사람이다. 거기에 지혜까지 갖춘 그가 그렇게 말했다면 다른 사람들이야 말해 무얼 할까.

젊은이라면 혹 모르겠지만 나이가 들면 마음에 구멍 하나쯤 내지 않은 사람이 없겠고 회한 없는 사람 또한 드물 것이다. 상처가 쓰리고 인생이 허무하게 느껴질 때 다음의 옛이야기를 떠올리면 좋겠다.

어느 바닷가 마을에 한 남자가 살았다. 그는 갯벌에서 해산물을 채취하여 생계를 이어나갔다. 그날도 아내를 데리고 갯벌로 일을 나갔는데 모처럼 이웃에 사는 여동생이 합류했다. 셋은 조개며 새우며 게를 잡아 구럭을 어지간히 채웠다. 그런데 세 명 모두 구럭 채우는 데만 신경 쓰느라 갯벌에 바닷물이 들어오는 것을 미처 보지 못했다. 삽시간에 사방으로 물이 밀려들었고 때마침 파도마저 심하게 쳐서 목숨이 위태로울 지경이 되었다.

갯벌이라는 게 한번 빠지면 좀처럼 나오기 힘든 법. 바다에 익숙한 사람들이었지만 갑작스러운 사태에 당황할 수밖에 없었다. 남자는 간신히 제 몸을 가눈 뒤 물속에서 허우적대는 아내와 여동생을 바라보았다. 한시가 급한 상황이었지만 누구부터 구해야할지 남자는 선뜻 판단하기 어려웠다.

"여보, 살려 줘요!"

"오빠, 나 좀 잡아 줘요!"

남자는 우선 아내를 한쪽 팔로 감싼 뒤 헤엄쳐서 뭍으로 나갔다. 그리고 곧 바로 여동생을 구하려고 했지만 때는 이미 늦었다. 여동생은 남자가 아내를 구하는 사이 파도에 휩쓸려 흔적도 없이 눈앞에서 사라지고 말았다. 남자는 가슴을 치며 여동생을 구하지 못한 자신을 원망했다.

그 일이 있은 뒤로 갯벌에 바닷물이 들어올 때면 여동생의 원혼이 갈매기가 되어 '끼룩끼룩' 운다고 한다.

지금도 남편에게 진담 반 농담 반으로 나하고 어머니하고 물에 빠지면 누구 먼저 구할 거냐고 묻는 철없는 아내들이 있다. 아내는 별 뜻 없이 한 말이라고 해도 남편의 입장에서는 퍽이나 난감한 문제다. 평생 함께 살 사람이 아내이니 아내를 구하는 게 정답일 것도 같지만 "부모형제는 수족 같고 처자식은 의복 같다"라는 옛말을 생각하면 어머니를 먼저 구해야 하는 것도 같다. 이 이야기는 묘하게도 어머니 대신 여동생이 그 자리를 대신하고 있다. 그래서 어머니만큼 고민을 덜하게 하는 것도 같지만 그 때문에 오히려 여동생의 비통함이 훨씬 더 절절하게 와 닿는다.

그러나 조금만 더 생각하면 정말 비통해할 사람은 여동생이 아니라 오빠인지도 모른다. 어떤 순간이든 그렇게 생사가 걸린 문제라면 양자택일에 있어서는 비애가 따를 수밖에 없기 때문이다. 영화 〈타이타닉〉만 보더라도 살려고 발버둥 치는 사람들 사이에서 다른 사람들을 구하려고 애쓰는 사람들이 있다. 그들이 비록 대의를 위해 애쓴다고는 해도 수많은 사람 중 누구를 먼저 구할 것인지 선택함에 있어 어찌 인간적인 괴로움이 없겠는가.

이 옛이야기에서 중요한 사실은 주인공이 그런 선택의 기로에 있는 것이 아니라 이미 선택을 해버렸다는 것이다. 여동생이 미워서 구하지 않은 것도 아니요, 아내 때문에 피붙이를 나 몰라라 한 것도 아니다. 이는 반대로 여동생을 먼저 구한 상황이었어도 마찬가지다. 여동생이 특별히 더 귀해서 먼저 구한 것도 아니요, 아내가 미워서 구하지 않은 것도 아니다. 비단 이런 생사와 관련된 문제가 아니더라도 사는 동안 수없이 겪는 선택의 결과를 두고 괴로움이 밀려올 때면 이를 기억할 필요가 있다. 지난 순간의 선택은 좋든 싫든 끝났고 그것이 이미 작은 역사를 이루었다. 회한에 젖어 그때의 선택을 되씹어 본들 아무 소용이 없다.

이럴 때는 그저 이렇게 되짚어 보면 어떨까. 그때 내가 선택을 정반대로 했다 해도 지금의 고통은 별로 줄지 않을 것이며, 그저 고통의 종류가 달랐을 뿐이라고 말이다. 냉정히 생각해 보면 지금 우리가 이렇게 고통스러운 것은 그 양쪽이 경중을 따져 가릴 수 없을 만큼 모두 중요했기 때문이다. 그럼에도 불구하고 선택은 불가피했다. 두 여자 사이에서 어느 한 여자를 선택한 일, 두 직장 사이에서 한 직장을 선택한 일, 취업과 유학 사이에 고민하다 취업한 일 모두 다 그럴 것이다.

우리는 그 아픈 순간들을 흉터처럼 간직하고 살지만 그렇다고 우리가 이익만을 좇아 파렴치하게 산 것은 아니지 않는가. 그러니 이제 그만 마음으로 서로를 위로했으면 한다.

"됐다. 그만하면 우리는 참 잘했다."

반성은 하더라도 후회는 하지 말았으면 한다. 우리는 그저 갈매기가 끼룩끼룩 울 때마다 한 번씩 우리가 두고 온 것들을 떠올리면 된다. 그리고 그 몫까지 생각하며 그때 선택한 것들에 더 열심히 마음을 쏟으면 된다. 그래도 갈매기 끼룩대는 소리가 정 슬프거든 이렇게 진심으로 달래 주자.

"누이야, 나는 너를 사랑한단다."

원
과
한

  어머니를 일찍 여의고 악랄한 계모 밑에서 자란 장화와 홍련 자매는 온갖 시달림에도 서로 의지하며 살아간다. 하지만 장화가 억울한 누명을 쓰고 죽자 홍련도 따라 죽는다. 이 자매는 끝내 원귀가 되어 원님 앞에 나타나고 부임하는 원님마다 번번이 나자빠지던 끝에 담이 큰 원님이 그녀들의 억울한 사연을 듣고는 못된 계모 허씨와 그 아들 장쇠를 응징한다.

  대부분의 사람들이 기억하는 〈장화홍련전〉의 이야기는 여기까지다. 억울한 사람이 억울함을 풀었으니 더 이상 무슨 말이 필요할까. 허나 이본에 따라서는 이렇게 끝나는 경우도 있지만 엄연히 뒷이야기가 존재하고 그 내용이 퍽이나 흥미롭다.

장화와 홍련의 아버지는 다시 후처를 얻었고, 그 아내가 딸 쌍둥이를 낳았는데 그들이 바로 장화와 홍련의 후신이다. 그 후 숙녀로 자란 장화와 홍련은 부잣집 아들 쌍둥이와 결혼하여 자식 낳고 행복하게 살다 죽는다.

우리네 조상들은 여기까지 가야 이야기가 제대로 끝났다고 믿었던 듯하다. 그렇다면 허씨와 장쇠를 응징하는 데서 끝나는 것과 다시 태어나서 결혼하고 행복하게 살다 죽는 것으로 끝나는 것은 어떤 차이가 있을까?

둘 사이는 엄연히 구분되고 각기 나름의 의미가 있다. 전자가 '원(怨)'이라면 후자는 '한(恨)'이고, 전자가 남에게 갚아야 하는 것이라면 후자는 제 속으로 풀어야 하는 것이다.

우리나라 사람들에게는 '원수 갚기'보다 '한 풀이'가 훨씬 더 중요하게 자리 잡았다. 오죽하면 놀부 탓에 그렇게 고생한 흥부도 부자가 된 뒤 놀부에 대한 응징에는 전혀 관심을 갖지 않을까.

사실 따지고 보면 원수 갚기처럼 쉬운 일은 없다. 힘만 허락된다면 당한 대로 갚아 주면 그뿐이기 때문이다. 한 대 맞았으면 한 대 때려 주고 한 푼 빼앗겼으면 한 푼 빼앗으면 된다. 그래도 억울하면 두 대 때리고 두 푼 빼앗으면 된다.

그러나 우리는 이상하게도 그러고 나면 마음이 영 편하지 않다. 마치 그것을 위해 살아온 것 같았지만 막상 그렇게 하고 나면 그게 아니었다는 생각이 들곤 하는 것이다. 한마디로 한풀이가 덜 되었기 때문이다. 흥부의 경우 박을 타서 돈 벼락, 쌀 벼락, 옷 벼락, 집 벼락, 미녀 벼락까지 맞았다. 당연히 한이 남아 있을 리 없다. 오히려 놀부를 데리고 와 함께 살자고 하는 것처럼 한이 풀어지면 원망했던 상대와도 화합할 수 있는 발판이 쉽게 마련되는 법이다.

어떤 선배가 중고등학교 시절 무협지에 심취해서 보지 않은 무협지가 없다고 했다. 그 선배의 말에 따르면 모든 무협지는 세 개의 주제를 벗어나지 못한단다. 하나는 무림의 제패, 또 하나는 부모나 스승의 원수 갚기, 또 하나는 최고의 배우자를 만나는 것. 듣고 보니 정말 그럴 것 같았다. 비단 무협지가 아닌 홍콩 영화나 할리우드 액션 영화만 보더라도 그 세 가지 틀을 옮겨 다니며 변주하는 듯하니 말이다. 그 셋 중 가장 강렬한 카타르시스를 불러오는 것이 바로 '원수 갚기'가 아닐까 한다. 악인을 제압해야 무림의 제패도 가능하고 정인과 혼인도 할 수 있기 때문이다. 그러나 원수를 갚고 나면 카타르시스와 함께 허망함이 밀려드는 것도 사실이다.

그럼에도 불구하고 세상이 각박해질수록 사람들은 원수 갚기에 여념이 없다. 어제의 동지가 오늘의 경쟁자가 되고 오늘의 경쟁자가 내일의 적이 되기도 하니 이 또한 어쩔 수 없는 일이겠다. 이리하여 원수를 갚느라 한풀이할 틈이 없다. 그러나 아우렐리우스가 말했듯이 가장 완전한 복수는 침략자의 흉내를 내지 않는 일일 터, 앙갚음에 헛힘을 쓰기 보다는 한을 풀 수 있는 기회를 마련하는 편이 더욱 현명해 보인다.

한풀이에서 중요한 사실은 제 속에서 한이 저절로 풀리는 것보다 남들이 그럴 수 있는 기회를 만들어 주는 편이 좀 더 수월하다는 점이다. 그것도 나보다 힘 있는 사람의 도움을 받는다면 훨씬 더 효과적이다. 이는 반대로 해석하면 내 힘으로 풀어 줄 수 있는 남들의 한이 무엇인지 살펴보고 헤아려 주는 것이 중요하다는 의미다.

물론 가장 중요한 것은 남들이 한을 풀도록 도와주기에 앞서 '자신의 삶'이 그렇게 되도록 노력해야 한다는 점이다.

유식한 바보를 위한 변명

공부한답시고 책과 씨름한 지도 어느새 스무 해가 넘었다. 학문에 큰 진전은 없었지만 그래도 그 세월 덕에 학자 혹은 지식인라고 일컬어지는 일이 왕왕 있다. 물론 학자, 지식인이라고 다 박식하겠는가. 이런 얼치기도 있어야 대단한 분네들이 더 빛나는 법이다.

그렇게 자위와 자조를 섞어가며 희희낙락하던 중 뜻하지 않은 일격을 맞았다. 난데없이 터져 나온 '신지식인'이라는 말이 바로 문제의 도화선이었다. 정부에서 이른바 신지식인 명단을 발표한 것이다. 수업계획을 참신하게 작성한 교사, 우편배달에 인터넷을 활용하는 우체부, 자장면 배달로 명성을 날린 배달원에 이르기까지 다양한 직종의 숱한 사람들이 그 영예를 안았다.

신문학의 기치가 내걸리는 순간 그 이전의 문학이 구 문학으로 전락했듯이, 신지식인이 나왔다면 그동안 지식인이라고 부르던 사람들의 운명은 어찌되는지 퍼뜩 의구심이 일었다. 말 그대로 '구 지식인'이 된 게 아닌가 하는 자격지심이 든 것이다. 우리 같은 축은 구 지식인이 아니라 '신 무식인'이라는 씁쓸한 우스개까지 떠돌았으니 말이다. 실제로 어제의 지식인이 오늘의 무식인으로 전락하는 일은 비일비재하다.

어느 시대든 세상이 변하면 그에 따르지 못하는 사람들은 바보가 되기 마련이고 그런 사람들의 활약(?)을 엮은 우스개가 성행한다. 공부를 많이 했음에도 시류에 뒤처져 그만 바보가 되는 것이다. 이런 문제를 따지는 데조차 시류에 뒤처지는 것이 나의 한계이므로 옛이야기 두 편으로 풀어 볼까 한다. 유식한 바보의 변명이어도 좋고 구 지식인의 넋두리여도 좋다.

첫 번째는 문자를 쓰다 곤욕을 겪는 이야기다.

공부하지 못한 것을 평생의 한으로 여기는 남자에게 무남독녀 외동딸이 있었다. 남자는 어렸을 때부터 딸에게 무슨 일이 있어도 대단한 문장가에게 시집을 가야 한다고 누누이 강조했다. 다행히 집이 부유했던 터라 어렵지 않게 그런 사위를 맞을 수 있었다.

결혼식을 마치고 사위는 처가에서 하룻밤 묵기 위해 잠을 청했다. 그런데 그만 집에 호랑이가 들이닥쳐 장인을 물고 갔다. 사위는 긴급한 사실을 마을 사람들에게 알렸다.

"어이 촌인(村人)들! 원산호(遠山虎)가 내근산(來近山)하야 아지부(我之父)를 호식거(虎食去)했으니 지총자(持銃者)는 지총래(持銃來)하시고 지봉자(持棒者)는 지봉래(持棒來)하시사."

먼 산의 호랑이가 가까운 산으로 와서 우리 아버지를 물고 갔으니 총 가진 사람은 총을 가지고 와 주시고 몽둥이를 가진 사람은 몽둥이를 가지고 와 달라는 말이었지만 촌사람들은 도무지 무슨 소리인지 알 재간이 없었다. 마을 사람들은 밖으로 나왔다가 다시 집으로 들어가 버렸고 결국 불쌍한 장인만 죽고 말았다.

사위는 이웃의 어려움을 모른 척한 마을 사람들의 인심이 고약하다며 그들을 관가에 고했다. 그러나 관가에 잡혀온 마을 사람들의 대답은 너무도 간단했다.

"잠을 자던 중에 어디선가 무슨 소리가 나기에 나와 보았지요. 그랬더니 워워워워 워워워워, 이런 소리만 들리고 도통 무슨 소린지 모르겠더라고요. 그래서 그냥 다시 들어가 잤습니다."

고을의 사또는 양쪽 이야기를 모두 들은 뒤 도리어 유식한 사위를 옥에 가뒀다. 이 기회에 쓸데없이 문자 쓰는 버릇을 단단히 고쳐 주자는 심산이었다.

사위가 풀려나는 날, 사또는 다시 한번 타일렀다.

"앞으로 말을 할 때는 다른 사람들이 알아듣도록 해라. 혼자 안답시고 남들 모르는 문자를 쓰면 되겠느냐?"

그러자 사위가 대뜸 대답했다.

"예, 갱불문자(更不文字)하겠습니다."

사또는 한숨을 쉬며 고개를 내저을 수밖에 없었다.

두 번째는 고지식한 샌님 이야기다.

어떤 양반이 살았는데 글도 잘하고 마음씨도 착했지만 도무지 세상 물정을 몰랐다.

하루는 부인이 집안에서 글공부만 하는 남편이 못마땅해 정성껏 짠 모시 한 필을 내주면서 좀 팔아 오라고 했다. 양반은 그간 집안 살림을 부인에게만 맡겨 둔 것이 미안하여 체면 불구하고 모시를 팔기 위해 장에 나갔다. 모시를 들고 어정쩡하게 서 있는 양반을 보고 어떤 사람이 다가와 물었다.

"나리, 그게 무엇입니까?"

"모시일세."

"무엇에 쓰려고 가지고 나오셨습니까?"

"팔러 나왔지."

"점잖으신 체면에 그래서야 되겠습니까. 제가 팔아 드릴 테니 잠시 여기에서 기다리시지요."

양반은 자신의 체면을 걱정해 주고 선뜻 귀찮은 일을 대신 해준다니 고마울 따름이었다. 그러나 모시를 건네주고 몇 시간을 기다려도 그 사람은 끝내 나타나지 않았다. 모시 한 필만 허무하게 날린 것이다.

또 한 번은 이 양반이 봄에 논농사를 지으려는데 동네 사람이 그 양반집의 논을 가리키며 황급히 뛰어 왔다.

"지금 저쪽 논에서 물이 새니 얼른 가서 막으십시오."

양반은 깜짝 놀라 삽을 들고 논으로 간 것까지는 좋았는데 아무리 봐도 구멍이 보이지 않았다. 그저 물이 나오는 틈에 흙을 갖다 붙이는 것이 전부였는데 그러다 보면 조금 있다가 또 다시 물이 새고, 흙을 다시 붙여 놓으면 얼마 안 있어 또 물이 새고 할 뿐이었다. 한나절 내내 양반은 그 짓만 반복했고 점심때가 되어서야 일꾼 하나가 다가와 물었다.

"아니 왜 그러십니까?"

"자꾸만 물이 새는데 통 막을 수가 없단 말이야."

일꾼은 아무 말 없이 논 안쪽으로 들어가더니만 물이 나오는 곳의 흙을 꾹꾹 밟아댔다. 그랬더니 신기하게도 더 이상 물이 새지 않았다. 그제야 이 양반은 무슨 대단한 이치라도 알았다는 듯 놀라워하며 중얼거렸다.

"아하, 방기원(防其源)이라. 그 근원을 막는 것이로구만."

두 이야기의 공통점은 모두 배운 사람들이 낭패를 본다는 것이다. 첫 번째 이야기의 주인공은 어렵고 유식한 말만 쓰다가 장인 목숨을 구하지 못하고 본인은 옥살이를 했으며, 두 번째 이야기의 주인공은 모시를 팔러 나갔다가 협잡꾼에게 사기나 당하고 논의 물구멍 하나 제대로 막지 못한다. '글자를 아는 것이 오히려 걱정을 끼친다'라는 뜻의 식자우환(識字憂患)이 이렇게도 꼭 들어맞을 수 있을까. "아는 게 힘이다"를 외쳐도 신통치 않을 지식정보화 시대에 식자우환이 웬 말이냐고 따질 수도 있지만 식자도 식자 나름이요, 지식도 지식 나름 아니겠는가.

그 첫 번째 이유는 소통할 수 없는 지식은 아무 쓸모가 없기 때문이다. 기술에 관한 비법이나 지식을 가리키는 '노하우(know-how)'를 넘어 정보가 어디에 있는지만 알면 되는 '노웨어(know-where)' 시대에 소통할 수 없는 지식을 어디에 쓸까? 어디에 있는지만 알면 즉각 가져다가 제 것으로 만들어 버리는 요즘의 실태를 헤아리면 그 뻔뻔한 사위는 감옥에 갇혀도 싸다.

두 번째 이유는 현실과 연계되지 않는 지식은 폐기해야 마땅하기 때문이다. '방기원'을 백날 외운들 세상 살아가는 데 무슨 도움이 될까? 글공부에 뛰어나도 물 새는 논 구멍 하나 막을 능력이 없다면 글공부를 몰라도 세상살이에 수완이 있는 사람보다 더 못한 법이다.

신지식인도 따지고 보면 간단히 정리될 수 있겠다. 전문가들끼리만 소통되는 이론이 아니라 누구나 알기 쉬운 내용을 친절하게 깨우쳐 주는 사람, 통념을 깨고 새로운 접근을 시도한 사람, 책에 나오는 지식보다 몸으로 터득한 방법을 알고 있는 사람…. 그러니 위와 같은 이야기들을 주고받았을 옛사람들은 이미 당대 지식인들의 병폐를 충분히 간파하고 있던 것이다. 이러한 구 지식인에 대한 혐오는 신지식인에 대한 갈망으로 이어지지만 그렇다고 하여 그것이 전부는 아니다. 무엇보다 신구의 조화가 중요하다는 것을 앞서 말한 두 편의 옛이야기에서도 찾을 수 있다.

우선, 첫 번째 이야기를 사위 입장에서 살펴보면 그가 유식함으로 무엇을 이뤄 보고자 했던 것도 아니고 그저 유식함을 목말라하는 집에 장가를 들었을 뿐이다. 물론 융통성 없이 남들이 알아듣지 못하게 말하는 버릇은 누가 뭐래도 뼈아픈 반성이 필요한 대목이다. 그러나 음악에 대한 기본소양이나 경외심이 없다면 세계적인 피아니스트가 연주를 해도 소음일 수 있듯이 제 아무리 훌륭한 지식인이라도 주변에서 제자리를 찾아 주지 않으면 웃음거리가 되기 쉽다. 지식인 스스로 소통 가능한 통로를 찾아내는 것 못지않게 주변에서 그의 말에 귀 기울이는 자세도 중요한 것이다.

두 번째 이야기의 고지식한 선비 역시 마냥 비난할 수만은 없다. 사람을 잘 믿는 것이 잘못은 아니니 말이다. 게다가 구멍을 막는 '실천적 능력'과 방기원을 더듬어내는 '이론적 능력'을 동일 선상에서

논할 수는 없다. 개개의 구체적인 상황을 일반화시키는 능력이야말로 학문의 중요한 역할 중 하나이기 때문이다.

경험에서 우러나온 구체적인 방법이 당장에 실효를 거둔다고 해서 그것들을 총괄하는 원리를 찾는 작업을 무시한다면 더 큰 발전을 기대할 수 없다. 또 책상에서 이루어진 학문이 어떤 특정한 상황에서 다소 공허해 보인다고 해서 학문 자체를 도외시한다면 필경 실제의 삶에서 낭패를 당하기 쉽다.

지식의 가치가 전에 없이 커졌다고 일컬어지는 시대에 더 이상 '똑똑한 바보'가 양산되지 않기를 간절히 소망해 본다. 아이러니하게도 똑똑한 바보가 양산될수록 그들을 비웃는 똑똑이들이 '바보 같은 똑똑이'가 될 확률도 함께 높아지니 말이다.

지금 각광받는 신지식도 한때는 쓸모없는 지식이었으며 지금은 쓸모없어 보이는 지식도 언젠가는 새로운 쓸모를 찾아낼지 모른다. 과거에 지식을 만들어내고 전달한 구 지식인이 없었더라면 지금의 신지식인도 있을 수 없다. 무엇보다 둘의 구분부터 매우 부적절하다. 모름지기 지식인이라면 실용성과는 별개로 지식 쌓기를 즐긴다는 점에서 누구나 구 지식인이고, 또 그렇게 만들어진 지식이 언제 어디에서 쓰일지 모른다는 점에서 누구나 신지식인이다.

베이컨은 "약삭빠른 사람은 학문을 경멸하고, 단순한 사람은 숭배하며, 현명한 사람은 그것을 이용한다"라고 말했다. 어느 시대든 누가 현자가 되고 누가 바보가 될지는 아무도 모를 일이다.

물결 넷

혜안과 묘수를 찾아서

아버지를 팝시다
여덟 모의 구슬
걱정을 없애려면
피리로 잡은 호랑이
쥐며느리의 시아버지
흰 볼기 검은 볼기
가르칠 만한 사람
에둘러 가는 길

아버지를 팝시다

지금 생각하면 왜 그랬는지 모르지만 결혼할 무렵 나는 무척이나 자신감에 차 있었다. 매사에 거침이 없었고 모든 것이 다 내 뜻대로 된다고 믿었다. 그때의 아내 또한 지금과 달리 퍽이나 다소곳했는데 그런 예비 신부에게 나는 비장하게 이런 말을 한 적이 있다.

"내게 어머니는 종교와도 같으니까 어머니와 관련된 문제에 있어서만큼은 이의를 달지 않았으면 해."

경우에 따라서는 혼사가 깨질 만한 발언이었지만 웬일인지 아내는 고분고분 그렇게 하겠다고 했다.

그렇게 결혼한 뒤 어머니를 모시고 살았는데 하루는 아내가 사촌 시누에게 이렇게 이야기하는 걸 들었다.

"글쎄요, 아가씨. 나는 오빠가 결혼 전에 그렇게 말하길래 되게 효자인 줄 알았어요. 호호."

나도 모르게 웃음이 났다. 언감생심 효자는 무슨 효자. 요즘 나의 형국을 보자면 정말이지 불효자도 면하기 어려운 처지다.

옛이야기 중에는 한겨울에 딸기가 먹고 싶다는 아버지를 위해 아들이 눈밭에서 기도를 올리자 그 갸륵한 마음에 하늘이 감동하여 눈밭에 딸기를 내려 주었다는 식의 이야기가 제법 있다. 이런 이야기 앞에서 나 같은 사람은 그저 한숨뿐이지만, 한편으로는 참으로 불효막심한(?) 아들이 나오는 옛이야기도 있어 눈길을 끈다.

옛날, 어느 마을에 홀로된 시아버지를 모시고 사는 부부가 있었다. 며느리 사랑은 시아버지라는 말이 있지만 이 집은 어찌된 일인지 시아버지와 며느리 사이가 영 좋지 않았다. 둘이 사소한 일로도 번번이 부딪치자 보다 못한 아들이 대뜸 아내에게 말했다.

"여보, 당신이 너무 힘들어하니 아무래도 아버지를 장에 내다 팔아야겠어. 장에 갔더니 마침 노인을 산다는군그래. 그런데 값을 높게 받으려면 무엇보다 몸이 좋아야 한대. 풍채는 물론 안색이 좋아야 하니 좋은 음식으로 매 끼니 좀 잘 차려 드리고 맘 편히 해드려."

며느리는 남편의 말에 신바람이 났다. 조금만 참으면 시아버지를 모시지 않아도 되고 돈까지 생기니 불행 끝 행복 시작이었다. 이왕 시아버지를 팔 바에야 비싸게 팔 요량으로 며느리는 때 아닌 고깃국도 끓여 드리고, 방에 군불도 지펴 드리며 온 정성을 다했다.

어느덧 장날이 되자 아들은 아버지를 모시고 장에 나갔다. 아내에게는 아버지를 팔러 간다고 했지만 아들은 장에 가서 아버지께 맛있는 음식을 사 드리고 다시 집에 돌아왔다. 그러고는 아내에게 이렇게 꾸며댔다.

"장을 몇 바퀴 돌아봤지만 아버지의 몸무게가 덜 나가서 그런지 영 사려는 작자가 나서질 않네."

그러자 며느리는 더욱 지극정성으로 시아버지를 봉양했다. 다음 장날이 되자 아들은 또 아버지를 모시고 장에 나갔다가 다시 집으로 돌아왔다. 아내에게는 여전히 몸무게가 가벼워서 못 팔았다고 했다.

이러기를 몇 차례 반복하자 희한한 일이 벌어졌다. 시아버지가 며느리의 지극정성에 감동한 것이다. '이렇게 착한 며느리의 심성을 진작 알아보지 못하다니' 하며 시아버지는 어떻게든 며느리를 도우려고 틈나는 대로 집안일을 하기 시작했다. 마당도 쓸고, 손자도 돌보고, 장작도 팼다. 무엇보다 며느리를 주변 사람들에게 입이 마르도록 칭찬했다.

그렇게 지내던 중에 다시 장날이 돌아왔다. 아들은 이번에도 아버지를 모시고 장에 갈 준비를 했다. 그러자 아내가 남편 가는 길을 가로막고 나섰다.

"안 돼요. 아버님이 안 계시면 이제 제가 못 살 것 같아요."

　이 이야기에는 한겨울 눈밭에서 딸기를 구하는 효자 이야기에서는 느낄 수 없는 그 무엇이 있다. 눈밭에 딸기를 내려주는 일은 전적으로 하늘의 소관이고 더구나 그런 부류의 이야기를 현실에 적용하면 딸기는커녕 눈밭에서 기도를 올리다가 동상이나 걸리는 게 보통 인간이 할 수 있는 최대치다. 아무리 옛이야기라지만 이야기가 가슴에 크게 와 닿지 않는 것이다. 한마디로 매우 비현실적이기 때문이다. 그에 비해 이 옛이야기 속의 아들은 하늘의 도움을 기대하지 않고 그저 아버지와 아내 사이에 겪는 '사람 대 사람' 간의 문제를 해결하기 위해 애쓴다는 점에서 우리네 모습과 크게 다르지 않다.

　흔히 효자 소리 듣는 아들은 "아버지 좀 잘 모셔!" 하며 아내의 눈물을 빼고, 불효자 소리를 듣는 아들은 "며느리한테 좀 잘해 주세요"라고 아버지의 속을 긁을 것이다. 물론 대개의 경우 그 양쪽에 끼여서 양쪽에 두루 싫은 소리를 해대는 것이 일반적이다. 그러나 이상하게도 그러면 그럴수록 둘 사이는 더 나빠지고 자신의 입지도 자꾸 좁아진다.

　지금도 사방에서 사람들의 볼멘소리가 들려온다. 홀어머니와 아내 사이에서 외줄을 타는 효자, 임원과 직원 사이에서 기진맥진한 중간 간부, 스스로 '낀 세대'임을 절감하는 중년들의 넋두리가 귓전을 울린다. 바로 이런 때에는 "효도하라"는 잔소리보다 "아버지를 내다 팝시다"라는 묘수가 더욱 절실하지 않을까. 나 역시 허구한 날 홀어머니와 아내 사이에서 외줄을 타는 신세니 이런 묘수 앞에서는 눈과 귀가 번쩍 뜨인다.

　이상하게도 뾰족한 해결 방법이 없을 것 같은 문제가 바로 가족 간의 갈등이다. 그러나 가장 큰 문제는 해결 방법이 없는 것이 아니라 사람들이 늘 한 가지 방법에 매여 있다는 사실이다. 나부터 그 아슬아슬한 외줄을 치우고 양쪽 모두를 웃게 만드는 기발한 묘수를 한번 떠올려 봐야겠다.

여덟 모의 구슬

옛날, 어떤 신혼부부가 강비탈을 걷고 있었다. 그런데 강물 속에서 난데없이 커다란 메기가 한 마리 솟아올랐다. 신랑신부는 깜짝 놀라 뒤로 나동그라졌고 정신을 차리고 보니 메기가 자신들을 노려보고 있었다.

"배고프던 차에 잘 만났다. 사내 녀석이 아주 먹음직스럽게 생겼구나. 나는 남자만 먹어 치우는 메기다."

신랑은 자기를 잡아먹겠다는 메기의 말에 더욱 망연자실하여 정신을 놓고 있는데 신부가 침착하게 되받았다.

"뭐라고? 우리 신랑을 잡아먹는다고? 이 사람은 나를 평생 먹여 살리기로 한 사람이니까 잡아먹으려거든 내가 평생 먹고살 만한 것을 너라도 대신 줘!"

메기는 신부의 당돌한 모습에 당황하며 품속에서 무언가를 꺼내더니 신부에게 주었다.

"이건 여덟 모가 난 구슬이다. 아주 신통한 물건이지. 이쪽 모를 만지며 밥 나와라 하면 밥이 나오고, 이쪽 모를 만지며 옷 나와라 하면 옷이 나온다. 그리고 이쪽 모를 만지며…."

메기는 제각각 다른 일곱 모의 쓰임새를 말해 주었고 이 정도의 물건이면 신랑을 내주어도 아쉬울 게 없을 거라는 말도 덧붙였다. 그러나 나머지 한 모에 대해서는 말해 주지 않았다.

신부는 고집을 부리며 메기에게 맞섰다.

"나머지 한 모에 대해 알려주지 않으면 신랑을 내줄 수 없어!"

메기는 남자를 어서 잡아먹고 싶은 마음에 나머지 한 모의 쓰임을 털어놓았다.

"고집 한번 대단하구나. 말해 주기 좀 곤란하지만 그렇게 원한다면 알려 주지. 미운 놈 앞에서 이쪽 모를 대고 '너 죽어라' 하고 말하면 상대가 죽어 버린다. 아주 위험한 거니까 함부로 사용하지는 마!"

그러자 신부는 메기에게 바로 그쪽 모를 대고 이렇게 말했다.

"너 죽어라!"

과연 그 말이 끝나기가 무섭게 메기는 죽고 말았다. 신랑은 신부 덕분에 목숨을 구할 수 있었고, 둘은 여덟 모의 구슬을 가지고 집에 돌아와 부자가 되어 행복하게 잘 살았다.

통상적인 옛이야기에서는 괴물이 여자를 잡아가고 남자가 그 여자를 구하기 위해 괴물을 물리친다. 서양의 동화에서도 용감한 왕자가 마법의 성에 갇힌 공주를 구하는 상투적인 스토리가 대부분이다. 그런데 이 옛이야기는 거꾸로 괴물이 남자를 요구하고 여자가 용감하게 그 괴물을 물리친다. 이것이 바로 이 이야기의 가장 큰 매력이다.

남자들은 대체로 어려서부터 '용맹함'을 숭상하도록 요구받고 그것을 미덕으로 여기며 자란다. 그러다 보면 자연히 자기 안에 그것이 어느 정도는 있다고 생각하기 마련이다. 그리고 실제로 청춘의 한때, 어려서부터 주입받은 그 자신감과 오만함이 성공의 원동력이기도 하다. 그러나 나이가 들면서는 그 힘과 용맹의 과신이 화를 부르는 지름길이 되기도 한다. 비단 나이 때문이 아니더라도 상대에 따라 그 용맹함이 무모함이 될 수도 있다.

이 이야기 속의 메기는 매운탕거리가 될 보통의 물고기가 아닌 요술도 부릴 줄 알고 말도 할 줄 아는 괴물이다. 이런 괴물을 신랑이 남자의 용맹함을 앞세워 힘으로 이기려고 들었으면 결과는 어찌 되었을지 뻔하다. 하지만 밑져야 본전이라는 생각으로 상대방의 틈을 엿보며 지혜와 침착함으로 맞선 신부의 기지가 전화위복의 결과를 만들었다.

이 이야기의 주인공들이 갓 결혼한 신혼부부라는 점도 눈여겨볼 대목이다. 왜 하필 신랑신부가 꽃길이 펼쳐진 탄탄대로가 아닌 강비탈을 걷고 있었을까? 강비탈은 언제든 강에 빠질 수 있고, 괴물메기는 아니더라도 물가를 오가는 동물의 습격을 받을 수 있는 위태로운 곳이다. 아마도 결혼생활은 그런 강비탈을 걷는 것에 비견될 만큼 위험천만한 모험이라는 점을 의미하는 게 아닐까 한다.

그런데 불행하게도 그 위험한 길에 그들을 도와줄 사람이 아무도 없다. 여느 이야기라면 신령님은 아니어도 길을 가던 과객이라도 나타날 법한데 이 이야기에서는 신랑신부 단둘뿐이다. 오로지 그들 자신의 힘으로 눈앞에 닥친 위기를 모면하고 해결해야만 한다. 이 부부가 그 모험을 슬기롭게 넘기기만 한다면 전에는 누릴 수 없었던 엄청난 행운을 누리게 될 것이고 어쩌면 그것이 바로 결혼의 참맛이라 하겠다.

이리 가든 저리 가든 승산이 없을 때, 아무리 보아도 내 힘이 상대보다 약할 때 '힘'과 '용맹'에 짓눌린 '지혜'와 '침착함'을 끄집어내 보면 좋겠다. 신기하게도 어디에서 빌려올 것도 없이 우리의 꽉 막힌 숨통만 틔워 주면 퐁퐁 솟아나는 것이 그 녀석들이다. 그리고 그 녀석들은 위험천만한 모험인 결혼생활을 제대로 누릴 수 있게 해주는 도우미들이기도 하다. 이 점은 특히나 힘이 넘치는 남편들, 결혼

초의 힘겨루기에 몰두하고 있을 새 신랑들이 깊이 새겨둘 일이다. 반대로 힘이 넘치는 아내들 역시 자신의 힘이 남편이 발휘할 수 있는 지혜를 눌러 버린다면 그야말로 내 손에 100원을 쥐고도 50원어치도 못 쓰는 사람이 된다는 점을 기억했으면 한다.

걱정을 없애려면

　가난하던 시절, 어머니께서는 늘 "돈 걱정이 가장 작은 걱정이다"라고 말씀하셨다. 그때는 그 말이 무슨 뜻인가 싶더니 요즘에는 십분 절감하고 있다. 말이야 바른 말이지, 무슨 중병에 걸리거나 큰 난리라도 나게 되면 어디 돈 걱정할 틈이 있을까. 돈보다 소중한 것이 세상에는 얼마든지 있음을 살아가는 동안 조금씩 깨닫게 된다.

　불과 몇 십 년 전만 해도 1인당 국민소득이 1000달러만 되면 다들 부자가 되는 줄 알고 지내던 시절이 있었다. 먹고살기 힘들던 그 시절을 헤아려 보면 요즘 우리가 하고 있는 걱정들은 사치스럽기조차 하다. 그럼에도 불구하고 지금 이 시간에도 사방에서 이런 저런 걱정들이 쏟아지고 사람들의 한숨은 늘어만 간다. 어찌된 일인지 세상이 아무리 풍요롭게 변해도 걱정주머니는 늘어날 뿐 쪼그라들 줄을 모른다.

옛날, 아무 근심 없이 편안하게 사는 노인이 있었다. 무엇보다 자식들이 모두 잘 자라 주었고 효자라는 점이 노인을 가장 행복하게 했다. 인근에서는 그 노인을 '무수옹(無愁翁, 근심 없는 노인)'이라고 불렀다. 그리고 이 소문은 마침내 임금의 귀에까지 들어갔다.

"허허. 어찌 사람이 아무 걱정 없이 살 수 있단 말인가? 온 나라 사람들이 나를 나라님이라고 떠받드는데도 나는 늘 걱정에 휩싸여 사는데 원."

임금은 그저 그 노인이 신기하기만 했다. 아무리 생각해도 도무지 믿을 수 없는 얘기라서 임금은 그 노인을 한번 시험해 보고 싶었다. 임금은 나름대로 계략을 짠 뒤 노인을 즉시 대궐로 불러들였다. 그러고는 가락지를 하나 내주며 이렇게 말했다.

"이 가락지는 아주 귀한 것이니 잘 갖고 있다가 다음에 내가 부르거든 꼭 다시 가져오시오."

노인은 머리를 조아리며 임금이 준 가락지를 소중히 받아들고는 대궐을 나섰다. '나 같은 시골 노인에게 이렇게 귀한 물건을 맡기시다니 큰 영광이로구나.' 임금의 엉뚱한 계략을 눈치채지 못한 노인은 무척이나 흐뭇해했다.

　노인이 집으로 다시 돌아가려면 강을 건너야 했다. 임금은 그가 무사히 집에 갈 수 있도록 배려한다는 명목 하에 배를 마련해 주었고 그 배에 신하를 함께 태웠다. 그러나 실은 어떻게든 큰 걱정을 만들어 보려는 심산으로 꾸민 일이었다. 영문을 모르는 노인은 그저 임금의 성은에 감사해하며 기분이 좋아 콧노래를 흥얼거렸다. 그렇게 궁궐의 신하와 함께 배에 올라 강을 건너던 중 신하가 은근슬쩍 노인에게 다가가 물었다.

"대체 손에 든 게 무엇이기에 아까부터 보며 그리 좋아하시오?"
"알 것 없소이다. 무척 귀한 거라 보여줄 수 없소."

　그러나 신하는 계속 노인을 졸라댔고 노인은 성가신 나머지 그 가락지를 신하에게 보여 주었다. 신하는 그 가락지를 보더니 일부러 화를 냈다.

"에잇, 별것도 아닌 걸 가지고 여태 그 난리였소? 딱한 노인 같으니라고!"

　그러더니 그 가락지를 강물 속으로 휙 던져버렸다. 깜짝 놀란 노인은 어쩔 도리도 없이 멍하니 있다가 집으로 돌아왔다. 그리고 결국은 먹지도 자지도 못한 채 끙끙 앓았다. 평소와 다른 노인의 모습에 가족의 걱정은 이만저만이 아니었다.

"아버지께서 당최 이런 일이 없으셨는데 대체 무슨 일일까?"
"글쎄요. 도통 말씀을 안 하시네요."

노인은 가족들이 걱정할까봐 그 일에 대해서는 끝까지 함구했다.

"이러고 백날 있어야 아무 소용없는 노릇이고, 우선 아무것도 못 드시는 아버지를 위해 몸보신할 음식부터 구해 봐야겠어요."

자리에 누운 아버지를 보다 못한 아들이 집을 나섰다. 마침 장터에는 큰 잉어 한 마리가 나와 있었다. 그는 주저 없이 그것을 사 들고 집으로 왔다.

노인은 아들의 정성을 생각해서 가까스로 몸을 추스르고 일어나 잉어를 먹었다. 그런데 푹 고아져 부드러워진 살 속에 무언가 딱딱한 게 들어 있는 것 같았다. 젓가락으로 하얀 살을 헤치고 보니 바로 임금이 준 가락지가 반짝이는 게 아닌가. 다시 봐도 그 가락지가 분명했다.

노인은 그날 이후로 다시 잘 먹고 잘 쉬며 편안하게 잠을 청할 수 있었다. 노인이 여전히 걱정 없이 지낸다는 소식은 임금의 귀에까지 들어갔고, 그럴 리가 없다고 여긴 임금은 노인을 당장 궁궐로 불렀다. 임금이 가락지 얘기를 꺼내자 노인은 환하게 웃으며 가락지를 다시 임금에게 바쳤다.

어떻게 강에 빠진 가락지가 잉어 배 속에서 나오느냐고 묻는 사람이 없길 바란다. 그보다 중요한 문제는 노인이 어떻게 근심 걱정을 없앴느냐 하는 점이니까. 노인의 걱정거리는 분명 임금이 귀하게 여기는 가락지를 잃어버린 것이다. 만일 보통 사람더러 이러한 부류의 옛이야기를 지으라고 했다면 아들이 그 가락지를 찾으러 강물에 잠수를 한다거나 몇 날 며칠 투망질을 하도록 했을지도 모른다. 물론 그렇게 하여 다행히 가락지를 찾든지 하늘에 빌어서 가락지의 행방을 찾는 식의 이야기가 펼쳐진다 해도 노인의 걱정을 해결하는 데에는 큰 문제가 없다.

그러나 그렇게 할 경우 이야기의 깊이는 한없이 얕아진다. 눈앞에 닥친 문제를 따라다니며 해결하는 방식으로는 '많은' 문제를 풀 수는 있어도 '모든' 문제를 다 풀 수는 없는 법이다. 그 사실만 받아들이게 되면 걱정거리는 의외로 크게 줄어든다. 강에 빠진 가락지를 현실적으로 찾기 어렵다는 점만 인정한다면 강바닥을 헤집고 다니는 헛수고를 할 필요가 없으니 말이다. 이 점에서 노인이 온 가족을 닦달하여 가락지 찾기에 나서지 않았다는 사실이 이 옛이야기의 가장 큰 매력이자 가장 큰 메시지다.

그 다음으로 눈여겨보아야 할 부분은 누구든 자신이 할 수 있는 일에 온 힘을 쏟는다는 점이다. 자식들은 무슨 영문인지는 모르지만 그저 아버지께서 식사를 잘 못하셔서 건강을 잃는 것이 가장 큰 일이라고 생각했다. 결국 아들은 아버지의 몸보신을 시켜드리기 위해 장에 나갔고 그때 마침 문제의 잉어를 만난다. 아버지 걱정이 내 걱정이라는 생각까지는 웬만한 효자라면 다 한다. 그러나 정말 내가 해줄 수 있는 일을 찾아 이렇게 효과적으로 해내는 사람은 그리 많지 않다.

십 수 년 전 어떤 교수와 학회 뒤풀이 자리에서 이야기를 나누었다. 그분은 너무도 태연하게 아버지께서 간암 말기라고 했다. 그러면서 자신이 딱히 아버지께 해드릴 것이 없으니 그저 자신에게 주어진 일을 더욱 열심히 할 뿐이라고 했다. 나는 그때 그분을 몹시 매정한 사람이라고 여겼다. 돌아보면 참으로 내가 어릴 때의 일이다.

어찌 살아가는 동안 걱정이 없을까. 허황되이 걱정 없는 인생을 바랄 게 아니라 걱정에 찌들어 사는 낡은 습성을 털어내는 쪽이 보다 현명한 해결책이 될 수 있지 않을까 한다.

피리로 잡은 호랑이

옛날, 어떤 나그네가 산길을 걷다가 호랑이를 만났다. 그는 잽싸게 높은 나무 위로 올라갔다. 호랑이가 닿을 수 없는 가지까지 허겁지겁 올라가서 한숨 돌리고 있는데 어디선가 호랑이들이 몰려들기 시작했다. 호랑이들은 서로 목말을 타더니 한 층 두 층 쌓아서 나그네가 오른 가지에 곧 닿을 태세였다.

나그네는 정신이 아찔했다. 맨 위에 있는 호랑이는 사납게 발톱을 치켜세우고는 나그네를 향해 휘저었다. 꼼짝없이 호랑이 밥이 될 처지에 놓인 것이다. '이렇게 죽을 바에야 죽기 전에 마지막으로 내가 좋아하는 일이나 해야겠다.' 나그네는 마음을 잠시 가다듬더니 봇짐 속에서 피리를 빼들었다.

평소 피리 부는 것을 무척이나 좋아하던 나그네였다. 이왕 부는 것, 아주 신 나는 곡으로 골라 연신 피리를 불어댔다. 그 소리가 얼마나 신 났던지 호랑이들이 갑자기 흥에 겨워 어깨를 들썩였다. 그러자 맨 위에 있던 호랑이가 발을 헛디뎌 나자빠지면서 밑에 있는 호랑이를 덮쳤고 그 호랑이가 또 그 밑에 있는 호랑이를 차례로 덮치면서 호랑이들이 결국 모두 죽고 말았다.

나그네는 그 호랑이 가죽들을 팔아서 부자가 되었다.

나그네가 만약 호랑이는 백수(百獸)의 제왕이고 나는 그 앞의 밥이라고 생각하며 오들오들 떨고만 있었다면 뒷일은 보나마나다. 물론 현실에서는 호랑이가 목말을 타고 나무에 오를 리도 없고, 피리를 분다고 춤을 출 리도 없으며, 춤을 추다가 떨어졌다고 맥없이 죽을 확률도 크지 않다. 그저 한바탕 농담으로 웃고 말면 그뿐인 이야기지만 단 한 가지, 나그네가 호랑이에게 잡아먹히기 전 마지막으로 한 행동은 의미 있게 짚고 넘어가야 할 듯하다. 그가 한 일이 다름 아닌 피리 연주였기 때문이다.

예전에는 '문화'라는 말이 없었다. 굳이 그런 뜻을 지닌 말을 찾는다면 아마도 '예악(禮樂)'이 가장 근접한 예가 아닐까 한다. 예(禮)가 무엇과 무엇을 수직적으로 구분하는 일이라면 악(樂)은 수평적으로 화합하는 일이다. 문화란 모름지기 그 둘이 잘 어우러져야 제대로 굴러간다. 예가 너무 강조되면 질서는 잘 잡히지만 위아래 간에 위화감이 조성될 염려가 있고, 악이 너무 강조되면 거꾸로 화합은 잘되지만 위아래 없이 문란해질 염려가 크기 때문이다.

유교 문화는 아무래도 악(樂)보다는 예(禮)를 더 중시했고 자연스레 우리 문화도 그 영향으로 수평적 화합보다는 수직적 질서가 강조되는 편이었다. 그래서 한바탕 신 나게 논다는 것 자체가 금기시되기도 했다. 풍류 문화가 없던 것은 아니지만 점잖은 체면에 직접 노래하고 춤추고 악기를 연주하는 일은 어딘가 격이 떨어지는 일로 여겼던 것이다. 그런데 이 이야기의 주인공은 그 위급한 순간에 피리를 꺼내들어 문제를 한순간에 해결했다.

세상은 의외로 크고 또 넓다. 당장 눈앞에 펼쳐진 현실은 목숨을 위협하는 호랑이가 득실대지만 그 현실 너머에는 단순하게 설명할 수 없는 복잡하고 거대한 세계가 숨 쉬고 있을 지도 모른다. 나그네의 피리 소리처럼 만약 무언가를 통해 온 세상이 하나 될 수만 있다면, 그래서 내 마음이 온 세상에 전해지기만 한다면 그깟 호랑이쯤은 무서울 게 없다.

어차피 이성적인 분별, 합리적인 설명만으로 해결할 수 없는 문제라면 호랑이 앞에서 내가 가장 좋아하는 피리 연주도 하나의 답이 될 수 있겠다. 피리를 불어서 내가 신 나고 네가 신 나며, 호랑이에게서까지 춤사위를 불러낼 수 있다면 무엇이 두려울 것인가.

옛이야기에서 노래와 춤, 악기 연주 등으로 어려운 문제를 쉽게 해결하는 예가 많은 것은 결코 우연이 아니다. 옛 소설이나 사극에 나오는 영웅들이 전란의 소용돌이 속에서 피리나 거문고를 연주하며 여유를 부리는 대목이 심심찮게 나오는 걸 보더라도 거기에는 그럴만한 이유가 있다.

너와 나를 나누고, 인위적으로 등급을 매기며, 사사건건 계량하고 계산하다 보면 누구라도 마음이 황폐해지기 쉽다. 그런 지나친 구분과 분별로부터 벗어나기 위해 나그네처럼 적극적으로 악(樂)을 즐기는 자세는 문제 해결의 좋은 열쇠가 되는 것이다.

다만 한 가지 명심할 일은 나그네는 죽기 전에 꼭 해보고 싶은 일이 피리 불기였을 만큼 본래 그렇게 즐길 줄 아는 사람이었다는 사실이다. 평소에 신 나게 살던 사람이라야 위기 앞에서도 쉽게 길을 찾을 수 있다. 나그네가 되어 길을 떠나기 전에 보험 드는 기분으로 신 나는 일을 하나씩 개발하여 봇짐 속에 넣어 두면 어떨까. 또 기왕 개발할 거면 그렇게 내 마음도 울리고 다른 사람도 울릴 만한 것이면 더욱 좋겠다.

문득 대학 시절 은사님의 연구실이 떠오른다. 시인이셨던 그분의 연구실에는 의자 위에 클래식 기타가 놓여 있었다. 한 번도 그 기타 소리를 들은 적 없지만 그분이 쓰는 시가 결국은 그분이 연주하는 기타 소리고 노랫가락이 아니었을까 한다. 연구실 바깥으로 평화로이 나부끼던 그 나뭇잎도 모두 그분의 시고 노래였으리라. 이참에 나도 장롱 위에 놓아 둔 기타를 꺼내 먼지라도 털어내 보아야겠다.

쥐며느리의 시아버지

옛날, 고약한 버릇을 가진 영감이 하나 있었던 모양이다. 이 영감의 고약한 버릇은 한둘이 아니었지만 그중 제일 심한 버릇은 집안 사람들의 이름을 마구 불러대는 것이었다. 지금처럼 이름을 흔하게 부르지 않던 시절이었으니 아들딸은 그렇다 치더라도 며느리와 사위는 기분이 좋을 리 없었다.

이 영감이 어느 날 새 며느리를 한 명 더 보게 되었다. 며느리를 집에 들인 첫날 시아버지는 새 며느리에게 점잖게 이름을 물었다. 하지만 며느리는 시아버지의 고약한 버릇을 익히 들어 잘 알고 있었다.

"애야, 친정에서는 너를 무엇이라 불렀느냐?"

며느리는 공손히 대답했다.

"애기라고 불렀습니다."

"그건 네가 예뻐서 그런 게고 이름 말이다. 이름이 무엇이냐?"

며느리가 머뭇거리자 시아버지는 채근하며 물었다.

"이름이 무엇이냐니깐."

며느리는 정색을 하더니 이렇게 말했다.

"이름이 하도 고약해서 입에 올리기 어렵습니다."

"괜찮다. 말해 보거라."

며느리는 뭔가 결심한 듯 시아버지의 물음에 이렇게 답했다.

"아버지는 저희 세 자매 이름을 모두 벌레 이름으로 지으셨습니다. 큰언니는 바구미, 작은언니는 딱정이, 저는 쥐며느리입니다."

시아버지는 순간 웃음이 터져 나왔다. 그리고 그 이후로 다시는 집안사람들의 이름을 함부로 부르지 않았다.

내가 가르치는 대학생들에게 이 옛이야기를 들려준다면 아마 몇몇 학생은 당시 사회의 가부장제 폐해를 운운하며 시아버지에 대한 반감부터 앞세울지 모른다. 하긴 식구들 중 누구 하나가 나서서 "며늘아이 이름을 함부로 부르지 마세요"라고 말할 법도 한데, 그것을 참는 집안사람들이 답답하게 느껴지기도 할 것이다. 그러나 사고방식이 다른 그런 기성세대들과 어느 정도 선에서 적당히 타협하고 절충하는 법을 배워나가는 것 또한 살아가면서 필요한 지혜가 아닐까 싶다.

기성세대의 사고방식을 완전히 바꾸어서 신세대를 만들겠다는 발상은 마치 기성복으로 맞춤옷을 만들겠다는 것과도 같다. 오죽하면 '기성(旣成)'이라는 말이 나왔을까. 이미 이루어진 것을 섣불리 고치겠다고 나선들 잘 이루어지지 않는 것이 현실이다.

특히 언제든 새로운 관계를 형성할 수 있는 집단이 아니라 이처럼 한 번 맺어진 관계가 새롭게 변할 가능성이 없는 경우라면 더욱 그렇다. 마음에 들지 않는 사람이 피할 수 없는 자리에 있고 그 사람의 결점을 바로잡을 수도 없다면 어쩌겠는가? 참고 살거나 떠나는 것이 한 방법이겠으나 그러기에는 앞날이 너무 창창하다. 그럴 때는 이 이야기의 새며느리처럼 지혜롭게 처신하는 것이 가장 좋은 방법이다.

"현실에 꿈과 유머를 더한 것이 지혜"라는 말이 있다. 정말이지 지혜는 거창한 게 아니다. 며느리는 못된 시아버지의 말버릇을 고치고 싶다는 꿈을 가지고 있었고, 그 꿈을 이루기 위해 슬쩍 기지를 발휘했다. 시아버지가 "쥐며느리야!" 하고 자기를 부르면 졸지에 시아버지 자신은 서생원이 될 테니 자연스러우면서도 확실한 방법으로 시아버지의 험한 입을 막은 것이다.

껄끄러운 상대에게 우회하여 뜻을 전하는 새 며느리의 기지가 일품이지만 순간 더욱 빛나는 건 바로 '웃음'이다. 세대 간의 볼썽사나운 승부를 벌이는 대신 한바탕 웃음을 유발하여 모든 것을 덮어 버리게 만든 그 여유 말이다.

눈앞의 모순을 덮어 두고 여유 타령이냐며 반박할 사람이 없지는 않겠지만 그 모순에 짓눌려 웃을 여유마저 잃는다면 때로는 그게 더 큰 비극이 되기도 한다. 웃을 틈조차 없는 곳에 마음이 비집고 들어갈 틈은 더욱더 없기 때문이다.

살다 보면 가끔씩 싸움닭이나 투견 같은 사람들을 만나게 된다. 그들은 언제나 목의 깃을 세우거나 이를 드러내며 경계령을 내리고 제 힘을 과시한다. 그러나 잊지 말아야 할 것은 싸움이 끝나고 나면 그들은 더 외로워지기 십상이며 이기고 나서도 자기보다 힘 센 싸움닭이나 투견을 늘 경계해야만 한다는 사실이다.

그들에게 필요한 것은 여유다. 여유만 찾는다면 언제든 누구하고 새로운 관계를 만들어 나갈 수 있다. 그 여유를 부르는 가장 쉬운 방법이 바로 웃음이다. 함께 웃는 순간만큼은 누구나 상대에 대한 경계의 끈을 쉽게 놓아 버리는 까닭이다.

흰 볼기 검은 볼기

　오규원 시인은 〈죽고 난 뒤의 팬티〉라는 시를 남겼다. 교통사고를 겪고 난 뒤부터 자동차 속력이 조금 높아져도 팬티를 언제 갈아 입었는지 신경 쓰게 된다는 내용의 시다. 죽고 난 뒤에 그게 무슨 걱정일까만, 죽은 뒤 남에게 추한 모습을 보이고 싶지 않은 그 성정만큼은 알아주어야 할 것 같다. 또 주변의 어떤 사람은 독실한 기독교 신자인데 언제나 장롱의 서랍 속까지 잘 정리해 둔다고 했다. 보이지 않는 곳까지 하나님께서는 분명 보고 계시고 다 알고 계실 것이라는 게 그 이유였다. 나같이 대충대충 사는 사람에게는 평소에 자기관리를 철저히 하고 보이지 않는 곳까지 신경 쓰는 그런 분들의 삶은 참 높고도 높은 까마득한 경지다.

옛날, 함양(咸陽) 고을에 한 선비가 살고 있었다. 그런데 이 선비는 무슨 까닭에서인지 매일같이 볼기를 깨끗하게 닦았다. 사람들 눈에 띄지 않는 볼기를 열심히 닦는 이유가 궁금하여 친구들이 그 연유를 물었다. 그럴 때마다 선비는 대수롭잖게 여기며 대답했다.

"사람이 살다 보면 무슨 일이 생길지 아나? 늘 대비를 해야 하는 것이지."

태형(笞刑)이 있던 시절이니 행여 관아에 가서 볼기라도 맞게 될까봐 그런다는 말이었다.

"일어나지도 않을 일을 뭐 하러 미리 대비하나?"

그 말을 들은 친구들은 그를 비웃을 뿐이었다.

그러나 어느 날, 말이 씨가 된다고 정말 우연찮게도 선비가 우려했던 일이 벌어지고 말았다. 아무 죄도 저지르지 않았지만 억울한 누명을 쓰고 관아로 끌려가게 된 것이다.

"여봐라. 저자에게 곤장 열 대를 때려라!"

원님의 명을 받은 포졸들이 곤장을 때리기 위해 선비의 볼기를 깠는데 다른 사람들에 비해 볼기가 무척이나 깨끗했다. 원님 역시 선비의 볼기를 보더니 태형을 거두었다.

"이렇게 볼기가 깨끗하니 평소 몸가짐을 어떻게 하는지 짐작하고도 남겠다. 이 사람이야말로 참 선비로다!"

원님은 그렇게 감탄하며 더 이상 죄를 추궁하지 않고 선비를 돌려보냈다.

어떻게 이런 일이 있을 수 있을까 생각하겠지만 이 옛이야기는 떠도는 설화가 아니라 실제 있었던 일이다. 조선조 최고의 선비라고 할 만한 이덕무(李德懋, 1741~1793)가 그의 책 《한죽당섭필(寒竹堂涉筆)》에 담아 둔 내용이니 허투루 볼 것은 아니다.

어느 선배가 내게 일러 준 바에 따르면 어른과 아이를 구분하려면 지나가는 사람이 공연히 한 대 때렸을 때의 반응을 살펴보면 된단다. 그때 즉각적으로 맞받아치는 사람은 아직 아이고 한 번 생각해 본 뒤 되받는 사람은 어른이라고 한다. 어른이라 하면 그가 살아온 시간만큼이나 허물이 있기 쉽고, 설령 허물이 없더라도 다른 이유로 오해받을 소지가 얼마든지 있다고 생각하기 때문에 대응이 한 템포 늦어진다는 것이다. 농담 삼아 한 말이지만 듣고 보니 일리가 있다 여겼는데 이 선비의 이야기도 거기에서 그리 멀지 않다. 세상 살다 보면 본의 아니게 오해받을 일도 생기고 누명 쓸 일도 생긴다는 것을 알고 미리 대비했으니 말이다.

어른이 되기는 역시 어렵다. 가끔씩은 이유 없이 죄도 뒤집어 써야 하고, 누군가의 해코지에도 혹시 내가 무슨 잘못을 한 게 아닌가 하며 묵묵히 감수해야 하니 이 얼마나 억울한 일인가. 그런데 이덕무가 함께 적어 둔 이야기에는 그와 또 다른 선비가 나온다.

이 선비는 반대로 볼기가 너무도 지저분해서 그의 볼기를 본 사람들은 숯검정 같다고 했다. 이 선비는 죄를 짓고 관가에 불려가 곤장을 맞게 되었다. 포졸들이 볼기를 깠는데 볼기가 어찌나 새까맣던지 순간 고을 원님은 자기도 모르게 웃음이 터지고 말았다. 그 까만 볼기가 하도 우스워서 결국 태형을 그만두게 했다고 한다.

예나 지금이나 세상은 요지경이다. 비록 이덕무는 흰 볼기를 가진 선비처럼 조신할 것을 권고했지만, 흰 볼기 검은 볼기의 차이가 무엇인지 궁금하지 않을 수 없다. 평소에도 볼기 맞을 준비를 했던 선비나, 볼기 맞을 일은 전혀 생각도 않고 지냈던 선비나 결과적으로 똑같지 않은가. 비록 우스개 같은 이야기지만 뜻밖의 불행을 막는 길도 여럿이 아닌지 조심스럽게 생각해 본다.

이와 같은 경우를 나는 군대에 있을 때도 경험했다.

하루는 부대원의 단결을 도모하고자 체육대회가 열렸는데 대회가 끝나고 전체 회식이 있었다. 당연히 술이 따랐고 그것이 문제의 시발이었다. 술 취한 사병 하나가 연단 위로 올라가더니 사단장 앞으로 가서 술잔을 내밀고는 이렇게 말했다.

"저는 장성의 술을 받아보는 것이 평생소원입니다."

사단장은 그 사병에게 술을 따라 주었다. 그러자 몇몇 사병들이 부화뇌동하여 연단에 올랐고 연단 위는 금세 아수라장이 되었다. 이 뜻밖의 사태에 각급 지휘관들은 모두 사색이 되었음은 불을 보듯 빤한 일이었다.

회식 자리가 마무리되고 사단장은 자신에게 술을 받은 병사들을 전부 사단장실로 불렀다. 술에서 깬 사병들은 다들 어떤 화를 입을지 걱정이었지만 결과는 엉뚱하게도 그 사병들 전원에게 특별 휴가의 선물이 주어졌다. 들리는 말로는 사단장은 자기 휘하에 그런 기개 있는 사병들이 있는 게 자랑스럽다고 했단다.

좋게 끝나 다행이긴 하지만 그때 만일 사단장의 심기가 불편했었다면 어찌 되었을까? 휴가는 고사하고 군기 문란으로 영창에 가거나 애꿎은 장교들만 곤욕을 치르지 않았을까. 문제는 그때그때 다른 사정을 어떻게 아느냐 하는 것이다. 그러나 이는 신이 아니고서야 모르는 일, 상황에 따라 적절히 대처하는 게 최고다. 다만 《채근담(菜根譚)》에 있는 다음과 같은 기준을 따른다면 조금이나마 헷갈림이 덜하지 않을까 한다.

"태평한 세상에는 몸가짐을 반듯하게 해야 하며, 어지러운 세상에는 몸가짐을 원만하게 해야 하고, 말세에는 반듯함과 원만함을 함께 써야 한다."

참 쉽고도 어렵다.

가르칠 만한 사람

 어쩌다 보니 남들 가르치는 일을 하게 되었다. 이 일을 한 지도 어느덧 20년이 넘었고 그러는 동안 일종의 직업병이 생겼다. 그냥 말을 하면 될 것을 상대가 꼭 알아듣게 하려고 애를 쓰다 보면 나도 모르게 대화가 아니라 강의가 되는 일이 종종 있다. 동료들끼리 술이라도 한 잔 마시게 되면 한쪽은 교수가 되고 다른 한쪽은 수강생이 되어 오랜 시간을 보내기 일쑤이다. 그래서 술을 마신 다음 날이면 어젯밤에는 어느 교수의 무슨 강의를 수강했노라고 서로 우스개를 하기도 한다.
 그렇게 너나없이 남 가르치길 좋아하니 가르치는 일이 쉬운 듯 보이지만 실은 그렇지 않다. 남을 가르치면서 정말 어려운 점은 배우는 사람에게 적합하게 가르치는 일이다. 제아무리 별난 교수법이라도 배우는 사람에게 맞지 않으면 허사이다. 나아가 가르쳐야 할지 말지부터 고민되는 일도 있다.

옛날, 어느 유명한 학자가 제자들을 데리고 산책을 나갔다. 스승을 모시고 다니다 보면 자연히 보고 듣는 게 많은 법이어서 제자들에게는 그 자체가 곧 수업이기도 했다. 스승의 말 한마디라도 놓칠세라 제자들은 긴장을 늦추지 않고 길을 걷고 있었는데 어떤 사람이 일행의 앞을 떡하니 가로막고 앉아 있었다. 눈을 동그랗게 뜨고 살펴보니 놀랍게도 그는 길 한가운데에 앉아 똥을 누고 있는 중이었다.

스승은 한 손으로 코를 막더니 그 사람을 비켜 길을 갔다. 제자들 입에서는 "에이 고얀 녀석!"이라는 소리가 절로 나왔다. 몇몇 제자들은 버릇없는 그 녀석을 혼내 주고 싶었지만 스승의 앞이라 감히 나서지 못하고 스승의 뒤를 잠자코 따랐다.

그렇게 얼마쯤 걷다 보니 이번에도 어떤 사람이 길가에 쪼그리고 앉아 똥을 누고 있는 것이 아닌가. 제자들은 기가 막힌 일을 하루에 두 번이나 겪다니 황당할 노릇이었다. 그런데 스승이 이번에는 그에게 다가가서 좋게 타이르며 말했다.

"여보시오, 젊은이. 여기는 사람들이 나다니는 큰길이라오. 길가에서 그렇게 똥을 누면 다른 사람들이 불쾌하지 않겠소? 아이는 물론 부녀자도 다니는 길이고, 또 나중에 그 똥은 누가 치우겠소?"

그 사람은 허둥지둥 바지를 치켜올리며 일어나더니 스승에게 머리를 조아리며 다른 곳으로 갔다. 제자들은 궁금해하며 스승에게 물었다.

"스승님, 앞 사람은 길 한가운데에서 똥을 누었는데도 가만 계시더니, 이번에는 길가에 비켜서 누는 사람에게 잘못을 지적하신 까닭은 무엇입니까?"

스승은 빙그레 웃었다.

"앞 사람은 인간의 도리를 전혀 모르는 사람이다. 아무리 급해도 길가로 비켜 나앉는 정도조차 모르지 않더냐. 그러니 그런 사람에게 말을 해본들, 내가 길 한가운데에서 똥을 누든 말든 댁이 무슨 상관이냐며 도리어 큰소리칠 사람이다. 그러나 길가에 앉아 똥을 눈 사람은 비록 급해서 그러기는 했지만 길가로 피할 정도는 되는 사람이었으니 말을 하면 고쳐질 만했다."

이 옛이야기의 스승은 보통 공자로 불리기도 하고 황희 정승으로 불리기도 한다. 그런 훌륭한 분들도 사람을 가려서 교육했다는 것이 이 이야기의 골자다.

물론 어린 사람들의 경우라면 어떻게든 교육을 시켜서 바로잡는 것이 옳지만 불행하게도 나이 많은 사람들은 일정 시간이 지나면 교육이 불가능한 지점에 이른다. 심리 치료 같은 것들도 사실상 쉰 살을 넘은 사람을 상대로는 잘 이루어지지 않는다고 하니, 딴은 그럴 것도 같다. 또한 나이든 사람들은 "이 나이에 뭘 바꿔?"라며 따지듯 덤벼들기 쉬우니 변화를 이끌어내기가 만만치 않다. 그러나 그것이 어찌 또 나이만의 문제일까. 젊은 사람들에게도 내가 잘못을 지적했다가 낭패 본 일이 한두 번이 아니다. "윤리 찾고 도리 찾아봐야 백날 헛일입니다. 잘 먹고 잘 사는 게 최고지요"라며 덤벼드는 데야 당해낼 재간이 없다.

그래서 우리가 그토록 싫어하는 위선자를 만나면 그나마 마음이 놓이는지도 모른다. 그들은 최소한 선을 행하는 것이 옳은 일이라는 사실을 잊지 않는 사람들이기 때문이다. 그러나 그들 또한 가식을 벗고 "나 본래 그런 놈이요!"라며 마구잡이로 달려든다면 공자 같은 성인도 황희 정승 같은 군자도 필경 두 손 들고 말 것이다.

이 험한 세상에서 나를 잃지 않고 지키며 산다는 것은 참 어렵다. 어디 깊은 산 속에 들어가 수양을 하며 산다면 모를까 사람들과 관계하며 제 본심을 굳건히 하고 산다는 것은 무척이나 어려운 일이다. 그럼에도 불구하고 어쩔 수 없이 잡인들과 부딪혀야 한다면 최소한 사람을 가려서 대하고 때로는 피하기도 해야 할 것이다. 그것은 내가 비겁해서가 아니라 나 자신을 소중히 여기기 때문이다.

　한자의 '나 아(我)'자를 살펴보면 참 신기하다. 뜻이 '나'인데 그 안에 '창 과(戈)'자가 떡하니 버티고 있지 않은가. 그만큼 나를 지키고 살기가 어려웠기 때문일지도 모르겠다. 나를 지키며 나로 산다는 것은 그렇게 창을 세워 바깥 적들의 침노를 막아야만 하는 게 아닐까 한다.

에둘러 가는 길

살다 보면 여러 가지 문제에 봉착하지만 그중 윗사람 때문에 어려움을 겪는 사람들이 제법 많다. 학생들은 선생님 때문에 학교 다니기가 힘들다 하고, 직장인들은 상사 때문에 스트레스를 받는다 하며, 상점 점원은 주인 때문에 못살겠다고 한다. 이럴 때 문제를 해결해 줄 만한 위치의 윗사람이 나서 주면 얼마나 좋을까?

"그래, 자네 문제가 뭔가. 내게 허심탄회하게 말해 보게. 아무도 모르게 해결해 줄 테니."

그러나 이렇듯 호의를 베푸는 상급자가 나타나더라도 솔직하게 속내를 풀어 놓는 것이 좋을지 아닐지는 선뜻 판단이 서지 않는다. 그로인해 오히려 더 난감한 상황이 초래될 수도 있기 때문이다.

가장 좋은 방법은 문제를 일으킨 당사자와 담판을 벌이는 일이겠으나 우리같이 소심증이 있는 사람들은 이 또한 마음대로 되지 않는다. 이런 사람들에게 조금이나마 도움이 되는 옛이야기가 하나 있다.

옛날, 어느 마을에 마음 씀씀이가 지독한 주인이 있었다. 고약한 심보를 앞세워 날이 저문 뒤에도 늘 머슴에게 일을 시키곤 했다. 매일같이 밤늦도록 고생을 하니 머슴은 죽을 맛이었지만 섣불리 불만을 얘기할 수도, 일을 그만 둘 수도 없는 처지였다.

그렇게 힘든 하루하루를 보내던 어느 날이었다. 그날도 어김없이 날이 저물어 창밖에는 둥근 달이 휘영청 떠 있었다. 그때까지 일을 하느라 끼니도 거른 머슴이 찬밥이 든 바가지와 국그릇을 들고 부엌 바닥에 앉아 한숨을 내쉬었다. '더 이상은 이렇게 살 수 없을 것 같아. 뭔가 수를 써야지!' 그러고는 밥숟가락을 한술 뜨다가 갑자기 소리를 지르며 마당으로 뛰어 나왔다.

"아이쿠! 아야."

주인이 잠결에 그 소리를 듣고 방에서 나왔다.

"오밤중에 무슨 일이냐?"

머슴은 두 손으로 한쪽 눈을 부여잡고는 능청스럽게 대답했다.

"깜깜한 부엌에서 뜨거운 국을 먹다가 국이 눈으로 들어갔어요."

주인은 머슴이 다쳐 일을 못하게 되면 더욱 큰일이라 여기고 그 다음 날부터는 일을 일찍 끝내 주었다.

그러나 머슴에게는 고민이 또 하나 있었다. 주인은 심보만 고약한 게 아니라 소문난 구두쇠여서 머슴에게 옷감을 적게 써서 통이 아주 좁은 옷을 지어 주었다. 일을 할 때마다 여간 불편한 게 아니었지만 주인에게 옷감을 좀 더 써서 편한 옷을 만들어달라는 말이 차마 입 밖으로 나오지 않았다.

머슴은 이번에도 지난번처럼 수를 쓰기로 했다. 그러고는 외출하여 돌아올 때 주인 앞에서 공연히 이렇게 중얼거렸다.

"별 이상한 놈 다 보겠네. 남의 바지통이 좁든 넓든 무슨 상관이람. 제 총집으로 쓴다고 달라니 원 참!"

주인은 갑자기 헛기침을 하더니 방으로 들어가 버렸다. 그러나 효과가 있었는지, 다음번에는 통이 크고 넉넉한 옷이 돌아왔다.

옛이야기의 주인과 머슴처럼 상하 관계가 뚜렷이 나뉘는 경우에는 자신의 생각을 대놓고 말하기가 더욱 쉽지 않다. 그런 상황이 스스로를 더욱 답답하게 만들어 때로는 극단적인 생각을 부추기기도 한다. 그까짓 계약관계, 깨 버리면 그만이니 한바탕 속 시원히 싸우고 다른 주인을 찾아가면 그뿐이라고 생각하는 것이다.

그러나 싸움에 별 승산이 없고 다른 주인이라고 특별히 더 좋을 것 같지 않다면 앞날은 참으로 깜깜하다. 주인을 바꿔가는 동안 기운이 붙어 힘이 세지면 모르겠지만, 옮겨 다닐 때마다 자꾸 이상한 딱지나 붙고 힘만 빠진다면 다른 대책이 필요하지 않겠는가.

이럴 때 제 분에 못 이겨 부글부글 속만 끓이지 말고 에둘러 가 볼 것을 권한다. 머슴 이야기를 해서 현실감이 떨어진다고 생각되거든 직장에서 불쾌한 발언을 늘어놓는 사람을 떠올려 보자. 상관이어도 좋고 동기여도 좋고 부하여도 좋다. 그를 어떻게 할 것인가?

최악의 방법은 나도 함께 들이받는 것이다. 그러나 그 결과는 십중팔구 참담하다. 그야말로 맨땅에 헤딩하기가 십상이기 때문이다. 그가 상관이라면 나는 버릇없는 부하가 되는 거고, 동기라면 의리 없는 동료로 전락하고, 부하라면 속 좁은 상관이 되는 수밖에 없다. 물론 그 헤딩으로 깔끔하게 정리된다면 예외겠지만 말이다.

탐색전도 없이 주먹을 날리고 그 주먹 한 방에 상대가 나자빠진다면 퍽이나 폼 나는 일이지만 우리가 그런 핵주먹은 또 아니지 않은가. 만에 하나 진짜 핵주먹이라 해도 이런 자잘한 데에 쓰기에는 참으로 아까울 테고.

통쾌한 한 방은 아니더라도 기지를 발휘해 문제를 손쉽게 해결할 수 있는 기회는 얼마든지 있다. 조금 더 멀리 내다보고 슬쩍 한번 돌아가 보자. 차라투스트라는 이렇게 말했다.

"바람을 향해 침을 뱉지 마라."

물결 다섯

내 모습 그대로

쥐좆도 모른다
공자와 아이의 문답
궁지에서 벗어나는 비법
손가락 한 개의 점괘
형설지공 유감
양반의 이름값
짐이 붕하신다

쥐 좆도 모른다

오래전, 저녁상을 물린 뒤의 우리 집 안방 풍경이 떠오른다. 아버지와 어머니는 나란히 앉아 일일 드라마를 보셨는데 희한하게도 드라마에 심취해 계신 쪽은 아버지였고 어머니는 그냥 아버지를 따라 보시는 정도였다. 요즘도 그렇지만 그때는 왜 그리 드라마 내용이 애달팠는지 사람들의 눈물샘을 자극하는 일이 잦았다. 그때마다 아버지는 눈물을 보이셨는데 어머니는 그런 아버지를 늘 못마땅해 하셨다. 남자가 그런 일에 눈물을 찔끔거려서는 안 된다는 게 그 이유였다.

요즘도 최루성 영화의 엔딩 크레디트가 올라갈 즈음의 풍경은 기이하다. 여자는 연이어 손으로 눈물을 훔치고 남자는 그런 여자를 위로하듯 보듬는다. 어떤 경우는 남자가 눈이 뻘개져서도 전혀 슬프지 않다는 듯 내색하지 않는 경우도 있다. 남자라고 어찌 목석일까만 남자는 이래야 한다는 사회적 통념이 알게 모르게 행동을 옥죄는 경우도 왕왕 있다. 그 탓에 집에서 쫓겨난 불쌍한 남자가 옛이야기에도 나온다.

어떤 양반 하나가 공부를 하러 몇 년 동안 절에 들어갔다가 공부를 마치고 집에 돌아왔다. 그런데 자기와 똑같이 생긴 사람이 주인 행세를 하고 있는 것이 아닌가. 양반은 하도 기가 막혀서 집안사람들이 모두 들을 수 있는 목소리로 크게 외쳤다.

"어떤 녀석이 감히 나인 척하고 있는 게냐!"

그러자 가짜도 똑같이 큰소리를 쳤다.

"뭐라고? 어디서 비렁뱅이가 들어와서 큰소리를 치는 게냐!"

집안사람들은 둘 중에 누가 진짜인지 알 방법이 없었다. 생김새도 똑같고 말투도 똑같았기 때문이다. 양반의 아내이자 그 집의 안주인조차도 어느 쪽이 진짜 남편인지 알 수 없었다. 이쪽저쪽을 신기하게 쳐다보던 아내는 둘에게 이것저것 묻기 시작했다. 그러나 웬걸, 양쪽 모두 척척 알아맞히는 것이 아닌가. 주변 사람들이 가족이 아니고서야 좀처럼 알기 어려운 걸 물어보라고 하자 아내는 다음과 같은 질문을 던졌다.

"우리 집에 쌀이 몇 가마고, 숟가락이 몇 개지요?"

진짜 양반은 꿀 먹은 벙어리가 되었다. 살림에 관해서는 속속들이 알고 있지 못했기 때문이다. 그러나 가짜는 기다렸다는 듯이 쭉 읊어대기 시작했다.

"쌀은 올해 농사를 지어서 이백쉰다섯 가마가 있고, 숟가락은 쉰두 개가 있지."

이리하여 진짜 양반은 보기 좋게 집에서 쫓겨났다. 양반은 억울한 마음에 여기저기 떠돌다가 어느 절에 갔는데 웬 도승 하나가 말을 건넸다.

"허허. 어려운 일을 당하고 계시군그래."

"그걸 어찌 아십니까?"

"혹시 전에 손톱발톱을 함부로 버린 일이 있소?"

양반은 그제야 절간에서 있었던 일이 생각났다. 마당에 나와서 손톱발톱을 깎고는 그냥 방으로 들어가 버린 적이 있던 것이다.

"그렇습니다."

"그것 때문이오. 그 손톱발톱을 쥐가 먹고서 변한 것이니 고양이를 한 마리 가져다가 그 가짜에게 던져 보시오."

양반은 고맙다는 인사를 올린 후, 도승이 시키는 대로 집에 가서 고양이를 가짜에게 던졌다. 그러자 가짜는 순식간에 쥐로 변해 버렸고 사람들은 모두 깜짝 놀랐다. 한숨을 내쉬며 가슴을 쓸어내린 양반은 그간의 서러움이 복받쳤는지 아내를 보며 물었다.

"쥐인지 서방인지도 몰랐어? 쥐 좆도 몰랐냐고?"

이 옛이야기는 "쥐 좆도 모른다"는 속언의 유래담이며 우리가 잘 아는 〈옹고집전〉의 뼈대가 되는 이야기다. 가짜와 진짜가 있다면 당연히 진짜가 더 진짜 같아야 마땅하다. 그런데 이 이야기만큼은 가짜가 더 진짜 같아서 결국 진짜가 쫓겨나고 만다. 하지만 집안사람들이 몰라줬을 뿐 실은 진짜가 진짜 같았다. 그렇다면 어떤 점에서 진짜가 진짜 같았는지 따져 보는 게 이 이야기를 푸는 지름길이겠다.

먼저 양반이 공부를 하기 위해 집을 떠나 산으로 들어간 행위부터 생각해 보자. 지금도 고시원이나 절에 들어가 공부하는 사람이 있듯이 예전에도 과거를 준비하기 위해 산으로 들어간 예가 많았다. 그렇게 집을 떠나지 않더라도 남성은 안채가 아닌 사랑채에 기거하면서 단절된 세계를 구축하곤 했다. 바로 이러한 단절과 고립된 삶이 진짜를 가짜처럼 만든 원인 중의 하나다.

진짜와 가짜를 구분하기 위해 세간을 물었을 때 진짜 양반이 쉬 대답하지 못했다는 것만 보아도 그렇다. 바깥주인의 진위를 따지려 든다면 바깥주인이 가장 잘 아는 것을 묻는 게 순리다. 가령, 사랑채에 있는 책은 몇 권이며, 곰방대는 몇 개나 되는지, 밖에서 만나는 친구는 누구누구인지 같은 것 말이다. 그런데 이 이야기에서는 어찌된 영문이지 엉뚱하게도 곳간에 곡식이 얼마나 있고 부엌의 세간이 어느 정도인지를 묻고 있다. 남성의 공간인 사랑채에만 빠져 있고 바깥생활에만 신경 썼던 양반으로서는 죽었다 깨어나도 알 재간이 없는 노릇이다.

다음으로는 손톱발톱을 깎았다는 점이다. 몸의 일부를 덜어낸다는 설정을 할 때 손톱발톱만큼 제격인 것도 없다. 물론 머리카락도 있고 수염도 있겠지만 굳이 손톱발톱을 내세운 이유는 분석심리학으로 유명한 이부영 선생의 견해가 도움된다. 그에 따르면 손톱발톱은 야성(野性)의 상징으로 본래 장식용이 아니라 실용적인 기능을 지닌 것이라 한다. 이는 짐승이 싸울 때 발톱을 세우는 것만 봐도 알 수 있다. 그렇다면 양반이 손톱발톱을 제거한 것은 그런 야성을 철저하게 억제했다는 의미다. 또 쥐가 야행성인 것에 비추어 보아도 양반은 그와 반대로 철저하게 '낮의 문명'에 편중된 삶을 살았다고 짐작할 수 있다.

살다 보면 자기도 모르는 사이에 가면을 쓰게 되기도 한다. 내가 어릴 때만 해도 "남자가 부엌에 들어가면 불알이 떨어진다"라는 말을 심심찮게 듣곤 했다. 그래서 그런지 부엌에 들어가는 일은 왠지 남자답지 못한 일이라 여기며 자랐다. 마찬가지로 여성은 제기차기도 하지 못했고, 바깥채의 남자 손님과 대화를 나눌 수도 없었다. 더욱 기가 막힌 것은 그런 가면이 전통사회에만 있는 것이 아니라 문명이 발달하면 발달할수록 더욱 만연해져 나중에는 진짜 얼굴 행세를 하려 든다는 점이다.

어떤 가면이든 어떤 역할이든 고착이 되면 문제다. 책장을 넘기느라 단풍 구경 한 번 못하고 지내는 딱한 서생에게 큰 공부가 이루어질 턱이 없고, 돈벌이에 빠져 일 년 내내 책 한 줄 읽지 않는 졸부에게 정말 부유한 삶이 있을 리 만무하다. 그렇게 지내다 보면 삶이 영 재미없기 일쑤다. 내 얼굴도 아닌 것이 내 얼굴처럼 탁 붙어서 '표정 없는 삶'을 만들기 때문이다. 옛이야기의 주인공도 산중 절간에서 공부에만 관심을 쏟다 보니 외려 가짜에게 쫓겨나는 수모를 당하지 않던가.

자기도 모르게 자신에게 씌운 굴레에 매여 헐떡이느라 지금의 삶보다 더 의미 있고 더 재미난 삶이 있는지 모르고 지나고 있지는 않은지 한번쯤 생각해 볼 일이다.

공자와 아이의 문답

 공자가 말을 타고 길을 가는 중이었다. 웬 어린 아이가 길을 가로막더니 당찬 목소리로 물었다.
 "아저씨가 세상에서 모르는 게 없다는 공자예요?"
 공자는 한껏 거드름을 피우며 대답했다.
 "그래. 내가 공자다. 모르는 게 있거든 물어 보거라."
 그러자 아이는 신이 나서 물었다.
 "하늘의 별은 몇 개예요?"
 공자는 의외의 질문에 난처한 표정을 지으며 말했다.
 "그것은 너무 먼 데 있는 것이라 알 수 없다. 가까운 데 있는 걸로 물어 보아라."

아이가 다시 물었다.

"그러면 땅 위의 집은 몇 채나 돼요?"

공자는 그 역시 알 수 없었다. 당황한 기색이 역력한 공자는 목소리를 높였다.

"가까운 것을 물어 보라니까."

그러자 기다렸다는 듯이 아이가 다시 물었다.

"그러면 아저씨 속눈썹은 몇 개예요?"

공자는 여전히 대답할 수 없었다.

"피~ 그렇게 가까운 것도 모르면서 뭘 안다고 그래요?"

이런 〈공자동자문답〉은 아주 오랜 전통을 지닌 이야기로 대부분의 사람들이 한번쯤은 들어본 적이 있을 것이다. 굳이 원 출처를 따진다면 중국의 오래된 문헌 속에 실린 이야기인데 공자 대신 다른 학자가 등장하기도 하지만 이야기의 기본 틀은 변함이 없다.

아무리 이야기의 속성이 '뒤집기'라고 해도 이 이야기처럼 제대로 뒤집기는 어렵지 않을까 한다. 공자가 누구인가? 유사 이래 가장 공부하기 좋아했던 호학자이고 성인으로 칭송하기에 그 누구도 꺼리지 않는 대표적인 지성이다. 그런데 그런 공자도 모르는 것이 있고, 그 사실을 폭로하는 사람이 한갓 어린 아이라는 점이 이 이야기의 묘미이며 핵심이다.

물론 실제로는 그럴 리가 없다. 공자야말로 "아는 것을 안다고 하고 모르는 것을 모른다고 하는 것, 그것이 아는 것이다(知之爲知之 不知爲不知 是知也)"라는 천하의 명언을 남긴 사람이 아니던가. 다만 그런 공자의 면모를 되새길 때 이런 이야기를 적극적으로 수용하고 유포했던 사람들의 심리는 충분히 이해가 간다. 사람들이 궁지에 몰리면 '공자 가라사대'로 내빼면서 공자의 주장이 마치 자신의 주장인 듯 말하곤 하지만 그런 공자도 구체적인 현실 앞에서는 젬병이라는 말을 전하고 싶었으리라. 공자가 '인(仁)'이니 '도(道)'이니 하는 추상적인 내용은 훤할지 몰라도 눈에 보이는 구체적인 사물에 있어서는 신통한 식견이 없다는 점을 각인시키고, 한편으론 거기에 있어서는 도리어 무식한 일반인이 그보다 낫다는 심리가 이야기 속에 자리하고 있다.

이야기 속에서 한 가지 더 중요한 사안을 꼽는다면 공자가 모르는 것에 대해 솔직하게 모른다고 시인하지 않았다는 점이다. 하늘에 별이 몇 개인지는 오늘날의 천문학자들도 정확히 알 수 없는 일이니 모르는 게 이상하지 않지만 공자는 그것을 시인하기 싫어서 "가까운 데 있는 걸로 물어 보아라" 하고 아이에게 다시 요청했다. 그래서 가장 가까운 데 있는 속눈썹으로까지 질문이 옮겨가지만 결과는 더욱 무참하다. 이처럼 누구든 겉치레를 부여잡고 놓지 않는 한 이야기 속 공자의 전철을 피할 길이 없다.

사리가 그렇다고 해도 자기의 무지를 사실대로 털어놓는 것은 매우 어려운 일이다. 혹시 그 때문에 상대가 나를 얕잡아 볼까 두렵고 그동안 지식을 쌓아 놓지 않은 자신이 부끄럽기도 하기 때문이다. 이런 이유로 자기의 무지를 가장 자유롭게 말할 수 있는 사람은 그 분야에서 가장 많이 알고, 가장 많이 공부한 소수뿐이다.

대학 새내기 시절, 어떤 교수님 한 분이 칠판 위에 동그라미를 하나 그리셨다.

"여기 동그라미가 있습니다. 여러분들이 아는 것을 이 동그라미 안이라고 칩시다. 여러분이 공부를 많이 하면 할수록 동그라미가 커집니다. 그런데 이 동그라미의 경계 부분이 바로 우리가 모르는 부분입니다. 아는 게 많을수록 모르는 것도 많아지는 것이지요."

나는 그때 깜짝 놀랐다. 아는 게 많을수록 모르는 것도 많아진다니! 그러고 보니 "모르는 게 많으면 학자요, 아는 게 많으면 선생이다"라는 말도 들은 적이 있는 것 같다. 이래저래 많이 공부하는 수밖에 없겠다. 그리 하면 일단 아는 것이 많아지겠고, 그 때문에 모른다는 사실을 알게 되거든 그때는 아주 자랑스럽게 선언하면 되니까.

"음. 이건 잘 모르겠는데."

궁지에서 벗어나는 비법

　누구든 실패라는 큰 벽을 만날 때가 있다. 불현듯 거대한 벽이 내 앞을 가로막고 있다고 느끼는 순간 아무것도 할 수 없을 것 같은 깊은 좌절감에 빠진다. 대개의 경우는 내 무딘 재주와 게으른 천성이 빚어낸 합작품일 테니 덤덤하게 받아들이려고 애쓰지만 납득하기 곤란할 때도 더러는 있다. 나름대로 준비도 많이 하고 공을 들였는데 왜 실패한 걸까 싶을 때가 있는 것이다.

　그럴 때마다 낯간지럽게 "실패는 성공의 어머니"를 운운하자니 나이를 헤아리면 한숨부터 나온다. 남보다 낫다고 자부하다가 남보다 먼저 내팽개쳐지는 느낌이 들 때의 그 쓸쓸함이란 이루 말할 수 없다. 여기 나와 같은 경험을 한 남자들이 있다.

옛날, 서로 자기 자랑에 열을 올리던 세 사람이 있었다. 한 사람은 힘이 셌고, 또 한 사람은 글 솜씨가 비상했고, 또 한 사람은 말을 아주 잘했다. 그들은 자기 재주가 가장 특출하다고 목소리를 높이다가도 어떤 재주가 세상에 크게 쓰일지 도통 알 수가 없어 매번 우열을 가리지 못했다. 그러던 와중에 누군가 한 가지 제안을 했다.

"멀지 않은 곳에 도적들이 산다는데 그곳에 가서 결판을 지어 보는 것이 어떻겠는가. 누구의 재주가 가장 요긴하게 쓰이는지도 알아보고 말일세. 도적을 잡아 나라에서 내리는 상까지 받는다면 그것이야말로 꿩 먹고 알 먹는 장사가 아니겠는가."

세 명은 모두 동의했고 호기롭게 도적의 소굴로 걸어 들어갔다. 그러나 나라에서 현상수배를 내린 도적들이 호락호락할 리 없었다. 도적의 두목을 구경하기도 전에 세 명 모두 맥없이 잡혔고, 동굴 속 작은 방에서 옴짝달싹 못하는 신세가 되었다. 동굴 입구가 커다란 돌문으로 막혀 있어 몰래 도망칠 수도 없었다.

맨 먼저 힘 센 사람이 나섰다. 그는 돌문을 힘껏 발로 차 보았지만 꿈쩍도 하지 않았다. 되레 자신의 발만 아플 뿐이었다. 그럴 때 바깥에서 지키고 섰던 도적이 무슨 소리라도 듣고 나타나 준다면 덜 민망하련만 꿈쩍 않는 돌문만큼이나 아무 반응이 없으니 힘 센 사람은 공연히 무안할 지경이었다.

다음으로는 글 솜씨 좋은 사람이 나섰다. 글 쓰는 사람답게 그의 봇짐에는 붓과 종이, 벼루, 먹, 연적 등이 다 갖추어져 있었다. 편지를 쓰는 데는 그리 오랜 시간이 걸리지 않았다. 멋진 서체에 그럴듯한 내용이 돋보였는데 다른 두 사람이 보기에도 도적도 사람인 이상 이런 글을 읽은 후 놓아 주지 않고는 못 배길 듯싶었다. 어른이 어린아이를 어르고 달래는 듯하다가 중요한 순간에 슬쩍 훈계를 하며 뺨을 치는 솜씨가 대단했다.

"여보시오! 거기 바깥에 누구 없소?"

그렇게 한참을 소리쳤더니 어디선가 도적 하나가 나타났다.

"이 편지를 당신네 두목에게 좀 전해 주시오."

그러나 도적의 반응은 시큰둥했다.

"이 자식들아, 편지는 무슨 편지! 곧 죽을 놈들이 누구한테 편지를 쓴 거야. 정 쓰고 싶으면 염라대왕한테 썼다가 잘 가져가라."

두목에게 편지가 전달되지 않으니 천하의 글 솜씨도 아무 소용없었다.

그러자 마지막으로 말 잘하는 사람이 나섰다.

"이러다간 다 죽겠네. 아무 방법이 없는 것 같으니 내 말대로만 하게. 지금부터 그저 아무 소리 말고 크게 울다가 웃는 걸세."

"미쳤어? 갑자기 그게 뭔 짓이야?"

"어허, 일단 내 말대로 하게. 그게 우리의 마지막 방법일지도 모르니."

그리하여 셋은 갑자기 울다가 웃다가 난리를 쳤다.

"하하하, 정말 다행이다."

"엉엉엉."

"호호호, 히히히."

"아이고, 우리는 다 죽었다. 흑흑흑."

이상한 소리에 동굴로 들어온 도적 한 명이 그 광경을 보며 고개를 갸웃거렸다. 곧 죽을 목숨들이니 울음바다는 이해되지만 무엇이 좋아서 웃는지 통 알 수 없었기 때문이다. 급기야 그가 다가와 물었다.

"뭐 하는 짓이냐? 죽을 놈들이 웬 소란이냔 말이다."

그러자 말 잘하는 사람이 이렇게 둘러댔다.

"우리는 사실 역적입니다. 우리가 잡히면 어차피 능지처참을 당하고 우리 집안은 물론 외가 처가쪽 집안까지 몰살당할 텐데 여기서 편히 죽게 되었고 다른 사람들이라도 해를 입지 않게 되었으니 그게 좋아서 웃은 것입니다. 그렇지만 그래도 죽을 것을 생각하니 두려워서 울음이 나오지 뭡니까."

도적은 그 사람들이 역적이라는 말에 귀가 번쩍 뜨였다. 그리고 그 사실을 즉시 두목에게 알렸다. 두목이 생각하기에도 역적에 비하면 자신 같은 도적들은 잡범에 지나지 않았다. 그들은 이들을 잡아다가 나라에 바치면 큰 상을 받을 것이라고 생각했다. 그러고는 즉시 그 세 명을 밧줄로 꽁꽁 묶어 대궐로 데려갔다. 그러나 대궐에 가서는 사정이 영 달랐다. 말 잘하는 사람이 다시 나선 것이다.

"이들이 바로 나라에서 잡으려고 수배령을 내렸던 그 도적떼입니다. 저희는 도적들을 잡기 위해 거짓말로 꾸며서 이렇게 잡혀 온 척한 것입니다."

결국 사태는 급반전되어 도적들은 옥에 갇혔고, 그 세 명은 도적떼를 잡은 공으로 큰 상을 받았다.

말 잘하는 사람의 완승으로 승패가 너무 쉽게 났다. 그 사람 덕에 죽을 고비를 넘겼을 뿐 아니라 상까지 받게 되었으니 두말할 게 없겠다. "펜은 칼보다 강하다"라는 서양 격언도 있지만 펜의 위력은 누군가 글을 읽을 때만 발생하는 법이어서 즉효성이 떨어진다. 칼은 즉효성이 있기는 하나 더 센 칼 앞에서는 여지없이 무너지고 만다.

이 옛이야기에서 가장 뛰어난 재주를 지녔다고 평가받은 사람은 말 잘하는 사람이다. 그러나 이 사람이 가진 재주가 말재간만을 의미하지는 않는다. 그는 무엇보다 상대의 마음을 제대로 꿰뚫어 보는 능력을 가지고 있었다. 도적이라면 잡히는 것이 가장 큰 두려움일 테고 그 두려움을 그는 역이용할 줄 알았다. 잡히지 않기 위해 도망 다니는 처지에 거꾸로 자기들보다 더 큰 죄인을 잡아다 바침으로써 죄를 씻고 보상을 받는다면 그보다 더한 선물은 없을 것이기 때문이다.

옛이야기에는 이렇게 상대를 속이는 캐릭터가 자주 등장한다. 상대를 속인다는 것이 개운치 않을 수도 있지만 적어도 내가 궁지에 몰려있다면, 그것도 부당하게 궁지에 몰려 있다면 이런 캐릭터가 펼치는 탈출 과정은 유쾌하고도 흥미진진하다.

상대를 궁지에 몰아넣은 사람일수록 대개 상황은 정당하지 못하고 켕기는 구석이 많은 법이다. 이 이야기 속의 말 잘하는 사람이 택한 방법 역시 도적들의 그런 속사정을 정확히 읽어 내는 것에서부터 출발했다. 내가 필요한 것이 무엇인가를 생각하기 전에 상대가 필요한 것이 무엇인가를 헤아린 뒤 슬쩍 미끼를 던져 본 것이다.

남자들이 흔히 치기를 부리며 농담 삼아 하는 말이 "나도 예전에는 17대 1로 싸웠다"는 얘기다. 그러나 그것은 왕년의 이야기일 뿐, 이제 17대 1은커녕 1대 17로 싸워도 몸이 성할지 걱정이고, 행여 길거리의 불량 청소년 하나라도 내게 시비를 걸고 덤벼들까 두렵다. 그러니 도적떼를 잡겠다고 주먹 자랑이나 글 자랑은 잠시 접어 두자. 도적떼 잡는 문제는 나라님이 걱정할 문제고, 우리네 보통사람들은 그저 제 몸 하나 잘 보존했다가 기회가 오면 도적떼를 나라님께 넘기면 그만이니까.

손가락 한 개의 점괘

옛날, 세 선비가 과거를 치러 길을 나섰다. 선비들은 모두 과거를 앞두고 마음이 초조했다. 잘하면 어사화 꽂고 풍악을 울리겠지만 까딱하면 제 한 몸 그르치는 데 그치지 않고 패가망신할 수도 있는 노릇이었다. 불안한 나머지 그들은 급기야 신통하다는 고승을 찾아갔다. 과거 결과가 어찌될지 묻기 위해서였다.

"저희 세 명이 곧 과거를 치르는데 결과가 어떻겠습니까?"

고승은 두말없이 둘째손가락 하나를 펼쳐 보였다. 선비들은 어리둥절해서 물었다.

"대체 무슨 뜻입니까?"

고승은 나지막히 대답했다.

"과거를 치른 뒤 결과가 나오면 무슨 뜻인지 알 것이오."

선비들은 더 이상 묻지 않고 과거를 치러 갔는데, 정작 더 답답했던 사람은 고승 곁에서 시중들던 상좌승이었다.

"대체 그게 무슨 뜻입니까? 궁금해 죽겠습니다."

그러자 고승은 조용히 대답했다.

"손가락 한 개에는 네 가지 뜻이 있다. 첫 번째는 한 사람도 떨어지지 않고 다 붙는다는 뜻이고, 두 번째는 한 사람도 붙지 않고 다 떨어진다는 뜻이며, 세 번째는 한 사람만 붙는다는 뜻이고, 네 번째는 한 사람만 떨어진다는 뜻이다."

고승이 틈틈이 수학 공부라도 했는지, 그 네 가지 뜻은 결국 세 사람이 과거를 봐서 나올 수 있는 모든 경우의 수를 늘어놓은 것이다. 세 사람이 아무리 애를 써도 다른 수는 나올 수 없다. 그것도 모르고 세 선비는 과거를 치른 뒤 결과를 보고는 두고두고 고승의 손가락 한 개의 신통함을 뇌까렸을 것이다. 떨어진 사람은 떨어진 사람대로 붙은 사람은 붙은 사람대로 제각각의 의미를 부여하며 그 결과를 숙명으로 받아들이면서 말이다.

돌아보면 세상에는 그런 일들이 제법 있다. 어떤 이는 그것을 가리켜 '후견지명(後見之明)'이라는 말로 조롱하기도 한다. 앞으로 이러저러한 일이 있을 테니 미리 대비하라고 분명히 일러두면 좋으련만, 어찌된 것이 대부분의 사람들은 일을 다 그르친 뒤에야 내가 그것을 전에 말하지 않았느냐며 자신의 선견지명을 자랑하기 바쁘다.

후견지명에 능숙한 사람들이 만연하다는 점에서 이야기 속의 선비들이 불안한 마음에 고승을 찾아갔다고는 해도 고승을 찾아갈 시간에 공부라도 한 자 더하고 공부하는데 뒷바라지해 준 사람들에게 감사의 인사라도 올리는 편이 낫지 않았을까 싶다.

이런 점치는 일이 꼭 옛날에만 성행한 것은 아니다. 오래전에 민속학 관련 학회에 참석했는데 마침 학회의 주제가 '점술'이었다. 그즈음 막 등장하기 시작한 인터넷이 세상을 바꿀 듯이 기세등등하던 때였는데 주제가 점술이라니 참 난감했다. 그러나 발표자들의 입에서는 뜻밖의 말들이 터져 나왔다. 정보화 시대에 도리어 점술이 성업이라는 것이다. 점집에 가야 볼 수 있었던 점괘를 집에 앉아 컴퓨터로 확인하는 사이버 점술업도 성행이고, 젊은이들이 차를 마시며 재미삼아 점을 치는 사주카페까지 번성하고 있다고 했다. 아닌 게 아니라 실제 오늘날 점을 볼 수 있는 기회는 도리어 늘어났다. 웹 서핑 한 번이면 나의 한해살이 운세가 가지런히 정리돼 나오며, 지하철에서 일간지만 슬쩍 기웃거려도 오늘의 운세쯤은 훤히 알 수 있다.

대체로 우연과 요행이 판을 치는 곳에서는 주술이나 점술이 성행한다. 앞날을 명확히 알 수 없으니 그 불안함을 달래려는 것이다. 한

자의 '바깥 외(外)' 자만 보아도 저녁[夕]에 점[卜]을 친다는 뜻이다. 예전만 하더라도 저녁의 바깥나들이는 곧 목숨을 거는 일과 엇비슷하지 않았을까. 호랑이를 만날지 도깨비나 귀신을 만날지는 그 누구도 모르는 일일 테니, 굳이 나가야 할 경우에는 점을 쳐서 안전을 확인한 뒤에 나가느라 그런 글자가 생겨났음직하다. 그렇다고 점괘대로 다들 안전했을 리는 없겠고, 믿거니 하고 나갔다가 변을 당한 사람도 더러는 있었겠다.

이 옛이야기 속 손가락 한 개의 점괘는 어떤 상황에 있어서 어차피 일어날 수 있는 가능성이 존재하는 한 다 일어날 수 있다는 것을 보여 준다. 그러므로 그저 여러 경우에 대비하는 게 수이지 요리조리 피한다고 해서 피할 수 있는 게 아니다.

어쩌면 우리가 운명이라고 믿는 것조차도 우리가 아주 오래전부터 살면서 만들어온 과정이 아닐까 한다. 공부가 충분한 사람은 붙고 부족한 사람은 떨어지는 것처럼. 설령 결과가 꼭 그렇지 않더라도 그 운명이란 게 별게 아님을 손가락 한 개로 웅변하고 있지 않은가. 그 손가락이 나중에 합격으로 풀이될지 불합격으로 풀이될지는 정말이지 고승도 모르는 일. 오직 자기 자신만이 알 수 있다. 단, 세상이 공명정대하여 우연이나 요행이 맥을 못 춘다면.

형설지공 유감

공부하는 사람들 틈에 있다 보면 온갖 전설이 횡행한다. 그 전설을 듣고 있노라면 감탄사가 절로 나오고 때론 나도 모르게 기가 죽기도 하는데 전설이라 하면 대부분 이런 식이다. 어떤 학자와 몇 년 동안 기숙사 룸메이트로 지냈던 사람은 그가 자는 것을 단 한 번도 보지 못했다고 한다. 또 어떤 사람은 밥 먹는 시간이 아까워서 삼 년 동안 비빔밥만 먹으면서 밥 먹는 시간에도 책을 보았다 하고, 어떤 교수는 유학생 시절 하루 두세 시간만 자면서 공부를 했다고 한다. 그 사실여부를 떠나서 다들 참 장하다는 생각이 든다. 과연 공부가 힘들기는 한 모양이다. 이런 부류의 전설들 가운데 다음의 이야기가 제일 유명하지 않을까 한다.

옛날, 중국 진(晉)나라의 손강(孫康)은 집이 가난하여 불을 밝힐 때 필요한 기름을 살 수 없었다. 그래서 그는 겨울의 하얀 눈빛에 책을 비춰 글을 읽었고, 그렇게 노력한 결과 벼슬이 어사대부(御史大夫)에 이르렀다. 차윤(車胤)이란 사람 역시 기름을 구할 수 없어 여름에 수십 마리의 반딧불이를 주머니에 넣은 뒤 그 빛으로 공부하여 마침내 이부상서(吏部尚書)에 올랐다.

다들 잘 알고 있듯이 이 이야기는 '형설지공(螢雪之功)'의 고사다. 나는 이 고사를 중학교 때 처음 배웠는데 지금도 학생들에게 한문을 가르칠 때면 꼭 빼놓지 않는다. 어려운 환경에도 뜻을 굽히지 않고 공부를 열심히 한다는 것은 참 좋은 일이기 때문이다.

그러나 나는 이 고사의 뒷부분이 영 마음에 걸린다. 모든 공부에는 목적이 있을 터, 더구나 곤궁한 처지에 그렇게 열심히 공부했다면 그 목적의식은 더욱 뚜렷했을 것이다. 그런데 이 고사는 그저 한 사람은 어사대부, 한 사람은 이부상서의 벼슬에 올랐다는 것까지만 얘기한 채 입을 꾹 다물어 버린다. 물론 사람들 입에 오래 회자되는 것만 보더라도 그 사람들의 이력을 따져 보면 무언가 또렷한 족적이 나올 것이다. 하지만 고사만으로는 그들이 왜 공부를 했는지 도통 알 수가 없다.

물론 그들이 그렇게 열심히 공부한 이유가 오로지 벼슬을 하기 위한 것은 아니었으리라. 그렇다면 한 사람은 공부를 열심히 해서 높은 벼슬에 올라 백성들을 편안하게 해주었고, 또 한 사람은 훌륭한 학자가 되어 좋은 저서들을 남겼다는 정도를 기대한다면 무리일까?

지금도 중요한 시험의 합격자나 선거의 당선자에게는 소감을 묻는 인터뷰가 쇄도한다. 그들은 각기 남다른 목표가 있었던 듯 당찬 포부를 밝히지만 시간이 흐르고 나면 그들의 목표가 오로지 합격이나 당선 자체에만 있었던 것은 아닌지 의심이 들 때가 있다.

그러나 그 부분에 있어서는 나 역시 자유롭지 못하다. 어려운 시절을 보내고 공부하여 가까스로 난관에서 빠져 나왔을 때 어느 선생님께서 이렇게 말씀해 주셨다.

"사람이 처신하기는 빈천할 때가 가장 좋지. 그때는 사람들이 다 접어 주니 말일세. 이제부터가 중요하네. 앞으로 더욱 열심히 하고 처신을 잘하도록 하게."

그때는 그게 무슨 말인지 몰랐지만 살아가면서 그 속뜻을 절실히 알게 되었다. 눈빛과 반딧불이를 이용해 책을 읽을 때 사람들은 안쓰럽게 생각하면서도 경외심을 품었을 만하다. 하지만 그렇게 해서 세칭 성공을 하고 나면 상황은 달라진다. 나폴레옹의 말마따나 가장 큰 위험은 승리의 순간에 있고, 성공에 이르는 순간 잠재되어 있던 문제는 폭발한다. 어렵게 공부하여 성공한 이들에게 그렇게 성공을 이룬 뒤 결국 무엇이 어찌 되었냐고 물어오는 사람들이 적지 않은 것이다. 그들에게 고생하며 공부한 이야기를 무용담처럼 듣는 것을 넘어서 유복하게 자라 성공한 사람과는 좀 다른 면모를 기대하게 되기 때문이다. 하지만 그 기대에 부응하기란 여간 어려운 게 아니다. 자칫하면 힘들게 공부하며 맺힌 응어리 때문에 더 큰 욕망에 시달리거나 다른 사람들에게 오히려 상처 주기가 십상이다.

내가 교육대학교에 부임했을 때 학교 신문사에서 인터뷰를 요청해왔다. 인터뷰 끝에 교사가 될 학생들에게 당부의 말을 좀 해달라기에 나는 서슴지 않고 이렇게 말했다.

"훌륭한 교사보다 행복한 교사가 되길 바랍니다."

그 인터뷰는 학교 신문에 그대로 실렸는데 그 다음의 반응이 참 재미있었다. 인터뷰를 요청했던 학생 기자가 내 연구실에 찾아와서는 "그때는 참 뻘쭘했습니다"라는 말로 내 인터뷰에 대한 소감을 밝혔다. 그런 말은 교사를 양성하는 대학의 교수가 드러내놓고 할 만한 말이 아니라고 여긴 것이다.

어려운 가운데 뜻을 세워 성공한 사람, 훌륭한 사람이 되는 것은 다 좋은 일이다. 그러나 그것이 사람을 지나친 욕망에 시달리게 하고, 필경 본인도 불행하고 그 불행이 또 다른 사람에까지 악영향을 미친다면 생각을 바꾸어야 하지 않을까.

형설지공의 고사가 어린이를 위한 책인《몽구(蒙求)》에 실린 것이고 그렇다 보니 아이들에게 적절한 유인책으로 벼슬이나 출세를 끌어다 쓴 것은 십분 이해한다. 그러나 그것이 전부인 듯 공부의 절대 목표로 삼고 마침내 거기에 이르러서 자기수양에 소홀하게 된다면 손강과 차윤이 겪었던 그 등불 없는 어둑한 나날들이 다시 찾아오지 않을까 하는 노파심이 든다. 내가 왜 그렇게 열심히 살았는지, 왜 그렇게 공부했는지 헤아리고 자신도 행복함으로써 남들까지도 행복해지는 길을 찾는다면 그 힘들었던 시간이 더욱 값지리라.

모든 과정을 훗날의 목표를 위한 수단으로만 여긴다면 결국 죽기 위해 기를 쓰고 사는 것과 무엇이 다를까. 어려운 가운데 무언가를 할 수 있다면 그 또한 행복이고, 그렇게 해서 이룬 일이 있다면 세상을 더 너그러이 볼 수 있도록 힘썼으면 한다. 이는 나 자신에게 하는 당부이기도 하다.

양반의 이름값

'양반'처럼 묘한 말이 또 있을까. "그 양반, 참 좋은 분이지"라고 할 때는 퍽이나 높이는 말 같은데 "아니, 이 양반이!"라고 할 때는 그저 만만하게 부르는 말 같다. 똑같은 말이지만 상대를 높일 때 쓰이기도 하고 상대를 가벼이 부를 때도 쓰이는 것이다.

양반이란 말이 본디 신분이 높은 계층을 이르던 말이었으니 존칭으로 일반화된 것은 이해할 수 있지만 어째서 가벼이 부를 때도 쓰게 되었는지 의아하다. 그 연유에는 그 시절 양반네들의 행태와 무관하지 않을 듯도 하다. 어쨌거나 그 시절 양반들이 다시 태어나 이 사실을 안다면 "감히 양반을 뭘로 보고!" 하며 역정을 내거나 땅을 치며 통곡하지 않을까.

조선 시대 문장가 박지원(朴趾源, 1737~1805)의 〈양반전〉이라면 동전의 양면 같은 '양반'이란 말의 궁금증을 명쾌하게 풀어 줄 수 있을 것 같다.

우선 간략하게나마 줄거리를 살펴보면, 강원도 정선에 가난한 양반이 있었는데 환곡(還穀, 조선 시대 백성들에게 봄에 곡식을 꾸어 준 뒤 가을에 이자를 붙여 거두던 일. 또는 그 곡식)을 갚지 못하여 곤경에 빠지게 된다. 이때 이웃에 사는 천한 신분의 부자가 그것을 대신 갚고 양반 신분을 사고자 하여 군수가 이 매매를 중개하면서 문서를 작성한다. 그런데 이 매매 문서의 내용이 부자가 평소 생각했던 양반의 모습과 너무도 달라 불만을 나타낸다. 그래서 군수가 이번에는 그와 상반되는 내용의 문서를 작성하여 보여 주자 부자는 자기더러 도둑이 되란 말이냐며 달아나 버린다.

너무도 간단하게 요약되는 이야기지만 찬찬히 뜯어보면 묘미가 있다. 박지원은 이야기의 대부분을 두 문서의 내용으로 할애하고 있기 때문이다.

「건륭 10년(서기 1745년) 9월 ○일에 이 문서를 만든다. 양반을 팔아 관가의 곡식을 갚았으며 그 값은 천 석이다. 원래 양반에는 여러 종류가 있다. 글만 읽는 자는 '선비', 정치에 종사하면 '대부', 덕이 있는 자는 '군자'라 한다. 무반은 서쪽에 서고 문반은 동쪽에 서며 이것을 아울러 '양반'이라 한다. 이 중에 너는 맘대로 고르면 된다.」

이처럼 문서를 살펴보면 양반인 한 특정 인물에 주목하는 것이 아니라 일반적인 양반계층에 초점을 두고 있다. 선비, 대부, 군자처럼 양반에게 붙여진 다양한 이름들은 결국 양반이라면 꼭 해야 할 역할인데 문제는 "이 중에 너는 맘대로 고르면 된다"라고 한 데에서부터 발생한다. 만일 공부를 하지 않는 사람이 '선비'를, 덕이 없는 사람이 '군자'를 취하게 된다면 말하나마나 사회 질서를 어지럽히는 지름길이다. 이어서 제시한 양반의 실상은 실로 놀랍다.

「절대로 비천한 짓은 하지 말아야 하며, 옛사람을 본받아 그 뜻을 숭상해야 한다. 오경(五更, 새벽 3~5시)이면 일어나 촛불 심지를 돋우고 앉아 눈으로는 코끝을 내려다보며 무릎을 꿇어앉는데 발꿈치로는 궁둥이를 떠받친다. 그러고는《동래박의(東萊博議, 송나라 여조겸의 저서)》를 얼음 위에 박 굴리듯 술술 외어대야 한다. 배고픔을 참고 추위를 견디며 가난하다는 말을 입 밖에 내지 않는다. 이를 마주 부딪치면서 뒷머리를 손가락으로 튕기고 침을 입안에 머금어 우물거린 뒤 삼킨다. 소맷자락으로 휘양(조선시대 머리에 쓰는 방한모)을 닦아 쓸어서 쓰는데, 먼지 터는 소맷자락이 마치 물결이 이는 듯 해야 한다. 세수는 주먹을 쥐고 문지르지 않으며 양치질은 냄새가 나지 않게 한다.」

이 부분을 두고 양반의 허례허식이라는 말들이 많지만 새벽에 일어나고, 어려운 책도 술술 읽으며, 정신을 집중하여 수양하고, 행실을 조신하게 한다는 것은 공부하고 덕을 쌓는 일로 나무랄 게 못된다. 그 뒷부분에 있는 이상스러운 행동들도 예전의 선비들이 즐겨 쓰던 양생법(養生法)이라고 하니 이 또한 심신 수양을 위한 한 방편일 뿐이다. 정갈한 옷차림과 위생 상태 같은 것도 너무 세세하다는 인상을 줄 수는 있지만 딱히 그른 대목을 찾아볼 수 없다. 결국 이 대목은 앞서 살핀 양반의 여러 이름 중 두 가지, 즉 '선비'와 '군자'가 되는 길을 보여 주는 것이라 할 수 있다.

진짜 양반이 되려거든 공부하고 덕을 쌓으라는 얘기지만 이런 내용이 열거되자 부자는 매우 곤혹스러워 하며 이렇게 항변한다.

"양반이란 게 겨우 이것뿐입니까? 제가 듣기로 양반은 신선과 같다던데 이것뿐이라면 별로 신통할 게 없습니다. 더 좋은 게 있도록 좀 고쳐 주십시오."

이리하여 새로 작성된 두 번째 문서는 앞의 문서를 정면으로 뒤집는 것이다.

「양반이 얻을 수 있는 이익은 막대하다. 농사를 짓지 않고 장사를 하지 않아도 옛글이나 역사를 대략 알 정도만 되면 과거를 치러 크게는 문과에 급제하며 작더라도 진사는 떼어 놓은 당상이다. 문과의 홍패(紅牌, 문과에 급제한 사람에게 주는 증서)야말로 그 길이가 두 자도 못되어 하찮은 것 같지만 온갖 것들이 거기에서 나오니 이것이 곧 돈주머니라 해도 무방하다. (중략) 곤궁한 선비가 되어 시골에 살더라도 제멋대로 할 수 있으니 이웃집 소를 가져다 제 밭을 먼저 갈고, 마을 사람을 불러다 내 밭을 먼저 매게 하더라도 어느 누가 감히 나를 괄시할 것이냐. 그런 사람은 잡아다가 잿물을 코에 들이 붓고 상투 채를 잡거나 수염을 뽑더라도 원망조차 하지 못할 것이다.」

두 번째 문서에는 양반의 권세가 얼마나 대단한가에 초점이 맞춰져 있다. 학행 쌓기만 열심히 할 뿐 별다른 보상을 제시하지 않았던 앞 문서에 비한다면 이 부분은 확실히 유혹적인 데가 있다. 공부를 별로 하지 않아도 벼슬을 하고 큰돈을 벌 수 있으며 설령 벼슬을 하지 않더라도 향리에서 백성들을 맘대로 부릴 수 있다 했으니 말이다. 이는 양반의 여러 이름 중 '대부'처럼 벼슬을 통해 특권을 얻은 자에 해당되는 부분인데 앞의 문서와 완전히 상반된 내용임을 새겨둘 필요가 있다.

앞의 문서에 나타난 양반이 열심히 공부하고 행실을 닦아도 가난하게 사는 딱한 양반이었다면 이 문서에 나타난 양반은 공부도 대충하고 행실이 좋지 않으면서도 이익만은 꼬박꼬박 챙기는 파렴치한 양반인 셈이다.

대체 어느 쪽이 진짜 양반일까? 만일 누군가가 그렇게 묻는다면 나는 서슴없이 어느 쪽도 양반의 진면목은 아니라고 말할 것이다. 박지원이 생각하는 참된 양반은 열심히 수행하여 백성을 잘 다스리는 사람인데 시대가 변하여 그가 살았던 조선 후기에 이미 그런 아름다운 조화는 물거품처럼 사라졌을 터. 작품에서 굳이 강원도 정선 같은 오지를 배경으로 등장시킨 것부터 그런 촌야에 묻혀서 학덕을 쌓는 가련한 양반을 보여 주려는 의도가 엿보인다.

군수가 부임해 올 때마다 정선 양반에게 인사를 왔다고 할 정도로 그는 덕망이 높은 양반이지만 아무런 생계 대책도 세우지 못하는 무능력한 인물로서 아내로부터 "한 푼어치도 못 되는 양반"이라고 멸시당하기에 이른다. 그런가 하면 정선 고을에 새로 부임한 군수는 같은 양반이면서도 영 다른 모습을 보인다. "가재는 게 편"이라고 같은 신분의 양반을 보호하기 위해 교묘한 문서 두 장을 꾸며 천한 부자의 재산만 축내게 한다. 이렇게 보면 바로 정선 양반과 정선 군수가 문서에 등장하는 두 얼굴의 양반을 대변하는 예가 아닐까 싶다.

세상이 시끄럽다. 텔레비전만 켜면 알량한 권세를 남용하다 검찰에 소환되는 인사들이 줄줄이 나오고 고위 관직 임명을 위한 청문회라도 열라 치면 아수라장이 되고 만다. 또 그런 자리에는 으레 그들에게 연루되어 조사받아야 하는 공직자나 기업가들도 함께 보인다. 바로 이때 《논어(論語)》에 나오는 기묘한 구절을 떠올리게 된다.

"군군신신부부자자(君君臣臣父父子子)."

흡사 말장난처럼 보이지만 "임금은 임금답고 신하는 신하답고 아비는 아비답고 아들은 아들답다"라는 뜻이다. '임금은 임금이다'가 아니라 '임금은 임금다워야 한다'라는 당위성을 띠게 되면 그 의미가 제법 심각해진다. 이를 한 마디로 '정명(正名)'이라고 하는데 글자 그대로 '이름을 바르게 한다'라는 의미로 이것이야말로 세상을 바로잡는 단초이다. 모든 사물이 제자리에 놓여 있을 때 아름다운 것처럼 사람 역시 그 이름에 걸맞은 모습을 갖추고 거기에 합당한 역할을 할 때 세상이 제대로 돌아간다.

주위를 보면 식견이나 덕망, 책임감 따위는 전혀 없이 감투를 쓰고 앉아 온갖 이권을 독식하며 호의호식하는 사람이 있다. 반면 주위의 비웃음을 사면서도 식견과 덕망을 쌓고 책임을 다하느라 먹고 살기 힘든 사람도 있다. 이 두 부류의 사람들이 양립하는 세상에서는 '양반'에 이중적인 의미가 담길 수밖에 없겠다.

이쯤에서 어디선가 이런 소리가 들려오는 듯하다.

"하, 답답한 양반. 그래 당신은 이름값을 하는 게요?"

어이쿠, 이럴 땐 넙죽 엎드리는 게 상수다.

짐이 붕하신다

옛날, 어떤 사람이 과거만 치렀다 하면 낙방이었다. 낙방도 한두 번이지 더 이상은 참을 수 없어 급기야 용하다는 점집에 찾아가 자신의 과거 운수를 물었다.

"공부를 열심히 안 하는 것도 아닌데 과거만 봤다 하면 떨어지니 제게 과거 운이 전혀 없는 건가요?"

그런데 점쟁이는 뜻밖의 말을 했다.

"댁은 임금이 될 운명이니 잠자코 그냥 기다리시오."

그 사람은 무척 기뻤다. 당장 힘든 공부를 접은 것은 물론이었다. 그러나 몇 년, 몇 십 년을 기다려도 임금이 될 기미가 보이지 않았다. 두 손 놓고 기다리기만 했으니 그 사이 가세는 완전히 기울었다.

그렇게 늙어 마침내 죽을 때가 되자 그는 이렇게 소리쳤다.

"짐이 붕하신다. 황후를 듭시라 하라. 태자를 불러라. 만조백관을 입시하도록 하라."

사람이란 게 내일을 기약하며 오늘을 위로하는 존재라고는 하지만 지독히도 한심한 사람의 이야기다. 애초부터 우스개로 전해진 이야기일 테니 주인공의 한심한 작태를 실컷 비웃어 주면 그뿐이다. 그러나 이 이야기도 헤아려 볼 대목이 아주 없지는 않다.

우선 과거에 번번이 떨어졌다고 했으니 주인공에게 신통한 실력이 있었던 것 같지는 않다. 그런데도 점쟁이 말 한마디에 공부를 놓아 버린 게 문제였다. 만일 점쟁이의 점괘대로라면 나라의 임금이 바뀌는 엄청난 일이 벌어지는 셈이다. 당시의 임금이란 선거로 뽑는 대통령도 아니고 누가 하고 싶다고 할 수 있는 자리도 아니다. 반역이 아니고서야 왕이 될 수 없는 처지임에도 어찌하여 점쟁이의 말을 철석같이 믿었을까. 쌓아 놓은 변변한 실력도 없는 사람이 공부며 일이며 그나마 하던 노력까지 모두 포기해 버렸으니 그 뒤의 삶은 누구나 짐작하는 대로일 수밖에 없다.

이야기에서 주인공이 점을 보고 와서 한 일은 딱 두 가지 뿐이다. 더 이상 공부를 하지 않은 것과 마냥 왕이 되길 기다린 것. 하긴 임금이 된다면야 과거가 다 무슨 소용이랴. 그러나 정말 그런 확신이 있었다면 최소한 임금으로서 갖춰야 할 공부라도 해야 하지 않았을까. 거창하게 제왕학까지는 아니더라도 한 나라를 다스리는 데 필요한 국량은 갖추기 위해 노력했어야 마땅하다.

허나 하루하루를 무위도식하며 보내다가 먼데 있다는 나라 살림은 고사하고 제 손아귀에 있는 집안 꼴마저 형편없게 되었다. 한 가정도 제대로 건사하지 못하는 사람에게 나라를 맡긴다면 그 결과는 뻔한 일. 그가 임금이 되지 않은 게 오히려 천만다행이다.

요즘 주위를 돌아보면 가정에서 남자들의 위세가 부쩍 줄어들었다. 옛날에 비해 그렇다는 게 아니라 나이가 듦에 따라 그렇다는 것이다. 이상하게도 기세등등하던 남자들이 큰소리 한번 내지 않고 기죽어 지내기도 한다. 나는 그것을 남자들의 허풍 탓이라고 본다. 대부분의 남자들은 젊을 때 입찬소리를 늘어놓다가도 세월이 갈수록 허풍의 위력이 줄어들게 마련이다. 이 이야기의 주인공 또한 아내나 가족들에게 "나는 곧 왕이 될 사람이야" 하며 큰소리를 쳤을 테지만 듣는 사람 입장에서는 역시 허풍에 지나지 않았을 것이다.

주위에 있는 한 어르신께서 이런 충고를 해주신 적이 있다.
"내가 오래 살아 보니 젊어서 미리미리 대비하지 않으면 늙어서 꼭 후환이 있는 게 세 가지 있더군. 하나는 몸이고, 하나는 배우자이며, 하나는 돈일세. 그 세 가지는 젊었을 때 잘해 두어야 훗날 탈이 없다네."

모쪼록 젊었을 때 건강 잘 챙기고 배우자와도 잘 지내며 절약해서 잘 살라는 말씀이셨다. 들어보면 참 간단하고 쉬워 보이지만 한편으로는 지키기 매우 어려운 것들이다.

지금의 나를 되돌아 보면 어떤가? 마냥 건강할 것만 같은 생각에 가끔은 과로도 하고 과음도 하고 운동도 게을리 한다. 또한 이 사람 저 사람 다 챙기고 나면 막상 곁에 있는 배우자 챙길 여력이 없고, 수입이 해마다 늘어날 거라고 생각하여 규모 없이 살기도 한다. 그런 것들이 '제왕학'을 하는 데는 별 도움이 안 되겠지만 '가장학'을 하는 데는 소중할 것이야 더 말할 나위가 없겠다.

요행은 요행일 뿐이다. 살다 보니 어느새 나이를 먹었고 근거 없는 요행을 바라며 하던 일을 놓을 만큼의 여유가 없어졌다. 이제는 내가 지금 하는 일에서 얻는 작은 행복 또한 소중할 때이다.

아버지께서 즐겨 하시던 말씀이 문득 생각난다.

"개장수를 하더라도 목사리 하나는 있어야 한다."

여기서 말하는 개장수가 정상적으로 개를 사고파는 사람은 아닐 테니 이 말은 남의 집 개나 잡아다 팔아먹는 파렴치한 짓을 하려 해도 개 목사리 같은 최소한의 채비는 갖추어야 한다는 뜻이다.

한낱 개장수가 그럴 때야 한 나라의 임금이 되는 일이야 오죽할까. 아무리 좋은 운명을 타고 났다 하더라도 우리는 그저 먼 데서 오는 행운은 그냥 오게 내버려 두고 지금 하는 일일랑 손에서 놓지 말아야겠다.

물결 여섯

견디고 받아내고

순환의 법칙
서른에 시작한 공부
머리 허연 늙은 것
흑치상지와 말 무덤
날지 못하는 것이 한이다
마부 탈출

순환의 법칙

'0.234623462346…'처럼 소수점 이하의 숫자가 무한히 반복되는 소수를 순환소수라고 한다. 이 숫자의 말줄임표에는 어떤 숫자가 반복될까? 우리가 수학 시간에 배운 대로라면 '2346'이라는 숫자가 순환하게 될 것이다. 그러나 '2346'이 아닌 '2458'이란 숫자가 올 수도 있다. 가령 '0.234623462346245823462346234623462458…' 처럼 좀 더 큰 덩어리의 숫자가 반복될 수도 있는 것이다.

순환소수의 다음 숫자를 너무 쉽게 예상해 버리듯이 대부분의 사람들은 사는 동안 사소하고 작은 것에서도 법칙을 발견하고 곧잘 그것이 다시 반복된다고 믿는다. "두 번 일어난 일은 반드시 또 일어난다"라는 말 또한 사람들이 경험을 통해 만들어낸 일종의 법칙이다. 물론 이런 법칙들 덕분에 다가올 위험에 대비할 수 있는 기회를 얻기도 한다. 그러나 문제는 그런 경험들의 순환 주기다. 과거에 내가 언제 그 일을 겪었고, 미래의 언제쯤에 다시 그 일을 겪을 것인가 하는 문제 말이다.

중세 시대 서양의 학자들도 같은 경험을 주기적으로 반복하는 순환의 법칙에 대해 인식하고 있었다. 가령 처음 간 장소가 꿈이나 혹은 전생에서 한번쯤 가 보았던 것처럼 친숙하거나 눈앞에 벌어진 일이 이미 겪었던 일처럼 느껴지는 것을 종종 경험한 것이다.

학자들은 점성술과 여러 가지 계산법을 동원해 그런 경험들의 순환 주기를 추정해냈다. 결과는 대략 2만 6천 년에서 3만 년 정도로 그만큼의 시간이 지나면 다시 똑같은 일이 벌어진다는 것이었다.

순환 주기를 알아낸 학자들은 자신의 제자들에게도 삶의 순환 법칙에 대해 설파했다. 그런데 한번은 그 제자들이 어느 여관에 머물렀는데 여관비를 지불할 돈이 없었다. 제자들은 순간 순환 법칙을 떠올렸고 그것을 이용하여 기발한 꾀를 생각해냈다. 여관비를 지불하라는 여관 주인의 말에 이렇게 답한 것이다.

"세상은 대략 2만 6천 년 주기로 무한히 순환합니다. 나중에도 똑같은 일이 반복되지요. 어차피 다음번에 또 이 여관에 묵게 될 테니 여관비는 그때 내겠습니다."

간단히 말해 여관비를 외상으로 걸어 두고 2만 6천 년 뒤에 와서 갚겠다는 이야기였다. 그러나 여관 주인은 조금도 당황하지 않고 웃으며 이렇게 말했다.

"세상이 무한히 순환한다니 좋습니다. 그러면 이번 여관비는 그때 가서 갚으세요. 다만 모든 것이 반복된다면 지난번에도 같은 일이 있었을 테니 이번에는 지난번에 묵은 여관비를 갚으시지요."

어느 외국소설 가운데 있던 이야기인데, 여기에서처럼 우리가 순환의 법칙에 의해 살고 있다면 한 생이 끝날 때마다 미처 계산하지 못한 빚이 남아 있을지도 모른다. '나는 과연 받지 못한 빚이 많을까, 갚지 못한 빚이 많을까?'

안창호 선생 같은 분은 나랏일에 나섰다가 체포되어서도 미처 청산하지 못한 치과 진료비를 대신 갚아 달라며 가족에게 편지를 보냈다. 자신이 죽을지 살지 모르는 판에 그런 빚을 마음에 걸려했다니 사람의 크기라는 게 있기는 있는 모양이다.

내 그릇의 크기를 부끄러워하기 전에 아직 받지 못한 빚은 다음 생에 받더라도 아직 갚지 못한 빚부터 줄여 나가야겠다는 생각이 든다. 세월은 흘러 어느새 내게도 다음번은 없을지도 모르고, 있다

한들 그때 갚을 여력이 있을지 의문이다. 돈이든 정이든 마음이든 남에게 진 빚이 있거든 당장 갚는 것이 상책일 듯 싶다. 2만 6천 년의 시간이 흐른 다음 생에는 분명 그 세월의 이자만큼 무거운 마음의 짐이 하나 더 올려질 테니.

"악인은 꾸고 갚지 아니하나 의인은 은혜를 베풀고 주는도다"라는 성경 구절이 문득 머리를 스친다.

서른에 시작한 공부

옛날, 어떤 남자가 조실부모하여 머슴살이로 생계를 이어갔다. 열심히 일해도 좀처럼 형편은 나아지지 않았고 겨우 나이 서른이 되어서야 어렵사리 장가를 들었다. 다행히 아내는 좋은 사람이었고 남자 마음에도 꼭 들었다. 그러나 아내쪽에서 보자면 남편은 한없이 부족한 사람이었다. 가난한 것은 그렇다 치더라도 남자가 제 구실을 하려면 배움이 있어야 하는데 글자 한 자 모른다는 게 영 마음에 걸렸다.

어느 날 아내가 조심스럽게 남자에게 말했다.

"서방님, 지금이라도 서당에 다니시면 어떨까요?"

남자는 대뜸 이렇게 어깃장을 놓았다.

"우리 형편에 무슨 서당이요?"

그러나 아내는 조금도 물러서지 않았다.

"그건 걱정 말고 오늘 당장 저 건너 서당에 다니세요."

이리하여 남자는 졸지에 늦공부를 시작하게 되었다.

그러나 서당에 간 첫날, 훈장이 남자를 보고 있노라니 참 딱했다. 나이 서른에 '하늘 천'부터 가르치기도 그렇고 코흘리개 아이들과 나란히 앉혀 놓기도 뭣했던 것이다. 훈장은 그저 생활에 꼭 필요한 글자나 몇 자 가르쳐 주기로 하고, 그 첫날 '삼인위덕(三忍爲德, 세 번 참는 것이 덕이 된다)'이라는 네 글자를 일러 주었다. 사정이 그러했지만 이 늦깎이 서생은 글자를 배우는 것이 그렇게 신이 날 수가 없었다. 무엇이 되었든 이 네 글자만은 꼭 배워야겠다고 생각하고 열심히 쓰고 또 썼다.

그러다 보니 어느새 밤이 되었다. '이제 그만 집에 가서 아내에게 자랑해야지' 하고 서당에서 나온 남자는 신바람이 나서 집으로 돌아왔다. 그러나 벌써 대문은 굳게 닫혀 있었다. '남편이 돌아오지도 않았는데 문을 잠그고 자다니!' 남자는 자기도 모르게 화가 치솟았다. 그러나 서당에서 배운 '삼인위덕'이 생각나서 한 번 참기로 했다.

그는 수숫대를 엮어 줄을 만든 뒤 그것을 이용해 겨우 담을 넘었다. 그러나 이번에는 방문이 안에서 잠겨 있었다. 그는 다시 화가 났지만 한 번 더 참기로 했다. 간신히 마음을 가라앉히고 창호지에 침

발라 구멍을 뚫고는 잠겨 있던 문고리를 열어젖혔다.

그런데 이게 웬일, 방안을 들여다보니 아내 옆에 웬 중이 함께 자고 있었다. 그는 더 이상 참을 수가 없었다. 부엌에 들어가서 식칼을 가지고 막 방으로 들어가려는데 서당에서 배운 '삼인위덕'이 다시 생각났다. 이번만 참으면 세 번이었다. 그는 분노가 치밀어 올랐지만 배운 대로 행하기로 하고 한 번 더 꾹 참았다.

그렇게 남자는 분을 삭이며 뜬 눈으로 밤을 지새웠다. 날이 밝고 보니, 그 중은 아내의 사촌 여동생이었다. 어릴 때 절로 들어가서 여승이 되었는데 지나던 길에 언니를 보러 들른 것이었다. 남자는 가슴을 쓸어내렸다. '삼인위덕' 네 글자가 살인을 면하게 한 셈이었다.

서당 훈장의 고민부터가 재미있다. 나이 서른에 시작하는 공부는 뭔가 달라야 한다고 본 것이다. 지금이야 서른이 청년이고 대체로 총각, 처녀지만 예전에는 나이 스물에 결혼을 못하면 가문의 수치요, 고을의 두통거리였다.

그렇다면 서당 훈장의 고민은 바로 성인에게 적합한 '실용적 지식'을 찾는 데 있었겠다. 그렇게 궁리 끝에 얻은 결론이 바로 '삼인위덕' 네 글자였다. 이는 뒤집어 생각하면 삼인위덕이 되지 않으면 아직 어른이 아닌 아이라는 말이다.

어른과 아이를 참고 못 참고에 따라 그렇게 쉽게 구분할 수 있을까? 이 옛이야기는 분명 그렇다고 대답한다. 누구나 느끼겠지만 혈기 왕성할 때는 남에게 지고는 못 견디는 법이다. 또 어쩔 수 없이 지더라도 언젠가는 이길 것을 다짐하며 속으로 칼을 갈곤 한다. 나 역시 그랬던 적이 있다. 허나 나이가 들면 그런 마음이 대체로 무모하고 쓸데없는 승부욕과 오기였음을 깨닫는다. 한편으로는 그 마음이야말로 젊은 시절 나를 지켜준 것이 아니었나 싶기도 하다. 젊을 때는 너나 할 것 없이 이룬 것이 별로 없는 때라 우열도 미미하고 조금만 노력하면 그 차이를 쉽게 극복할 수도 있으니 더욱 참는 법을 알지 못했다.

그러나 시간이 흐르고 나면 사람 간의 차이란 게 그리 만만한 것이 아니다. 어떤 이는 내가 한참 올려다봐야 할 만큼 높은 곳에 있고 또 어떤 이는 보이지 않을 만큼 밑바닥에 머물러 있다. 게다가 관계 역시 보통 복잡한 것이 아니어서 하나의 관계를 끊으면 어디에서 맥이 끊길지 마음 놓을 수가 없다. 나 하나로 끝나면 괜찮지만 자칫하면 딸린 식구들까지 곤경에 처할 수도 있으니 눈을 질끈 감고 참아내는 쪽을 택하기도 하는 것이다.

이야기의 주인공은 눈앞에 펼쳐진 아내의 부정을 보고 식칼을 들었지만 일단 참아냄으로써 살인을 면한다. 나중에 밝혀진 대로 아내의 정부라 여겼던 사람은 어린 시절 머리를 깎고 중이 된 처제였다. 이처럼 분노로 가득한 때는 악인 줄만 알았던 것이 진짜 악이 아니라 잠깐의 착각에 불과한 경우는 수도 없이 많다.

"마흔이 넘으면 남의 인생에 간섭하지 말라"는 말이 있다. 세상에 무관심하거나 제 책임을 방기해서가 아니다. 그 나이쯤이면 세상의 복잡한 일을 간단히 재단할 수 없음을 알기 때문이다. 가령 신문지상에 부모를 때린 패륜아 이야기가 나오고 인터넷상에서 그를 비난하는 댓글이 수천 개씩 올라올 때도 그 안에 무언가 상상도 못할 복잡한 사연이 있지 않을까 되짚어 보게 되는 때가 바로 그 나이다.

눈앞에 보이는 악을 없애기는 쉽다. 그러나 악을 참아내기는 더욱 어렵고, 그 악이 나중에 악이 아니라고 밝혀졌을 때 사태를 수습하기란 더더욱 어렵다.

쓸쓸한 일이지만 어느새 '참지 않고 터뜨리는 것'이 폼 나던 시절을 지나 '터뜨리지 않고 참는 것'이 빛나는 시절을 거닐고 있다. 그러니 더 이상 참는 것을 억울해하기 보다 조금 더 견디면서 '삼인위덕'의 진가를 확인해 보는 것도 아름답지 않을까 한다.

머리 허연 늙은 것

나이를 먹으면 없던 기품도 생기는 줄로만 알았다. 텔레비전 커피 광고에 나오는 중후한 50대 배우처럼 그윽한 표정으로 커피 향을 즐기며 살아온 세상을 음미하고 쌓아 둔 지혜를 마음껏 발산하게 되는 줄 알았던 것이다. 또 공자는 60에 귀가 순(順)하고, 70에는 마음 가는 대로 해도 법도를 넘지 않는다고 했다. 그러나 현실은 영 초라하다. 초라하다 못해 비참할 때도 있다. 나이가 들면 도리어 고까워지는 것도 많고, 이제껏 잘 지내던 사람도 법도를 넘는 일이 있다. 그렇다면 광고 속의 50대, 옛 성인이 말한 60대와 70대는 현실에 없는 그저 멀고 먼 다른 세상 사람들의 이야기일까? 어쩌면 다음의 이야기가 그런 아쉬움을 달래 줄 수 있을지도 모르겠다.

우리나라에서 이항복(李恒福, 1556~1618)을 모르는 사람은 거의 없을 것이다. 잘 생각이 안 나더라도 '오성과 한음'의 그 오성 대감이라고 하면 누구나 한두 개쯤 그에 관한 일화를 기억해낼 수 있으리라. 이처럼 그에 대해서는 흔히 설화로 알려지고 있지만 실제는 임진왜란 전후의 중대한 고비에서 뛰어난 수완을 발휘한 인재 중의 인재였다.

그가 정승 벼슬을 할 때의 일이다. 조회를 마치고 집으로 돌아가던 길에 한 여인이 그가 탄 말 앞을 가로질러 갔다. 높은 사람이 길을 지날 때는 호기롭게 "물렀거라!"를 외치던 시절이니 정승의 앞길을 가로막는 일은 참으로 괘씸하고 불경한 일이었다.

하인 하나가 그 여인을 밀쳤고 여인은 그만 땅에 넘어지고 말았다. 이항복은 집에 돌아와 그 하인을 엄하게 꾸짖었다. 정승 자리에 있으면서 무엇 하나라도 일이 잘못되면 그것은 자신의 수치이니 괜히 일을 크게 만들지 말라는 뜻이었다. 그런데 어찌된 일인지 그 일은 거기서 끝나지 않았다. 길에서 만난 그 여인이 이항복의 집 앞 언덕에 올라 큰 소리로 욕을 하며 소리쳤기 때문이다.

"머리 허연 늙은 것이 하인들을 풀어 길 가는 사람을 자빠지게 하다니, 네가 정승이 돼서 나라에 이익되게 한 게 뭐 있다고 이런 위세를 부리느냐! 네 죄는 귀양 가야 마땅하다!"

이항복은 못 들은 척할 뿐만 아니라 하인들에게 머리도 밖으로 내밀지 말라고 일렀다. 마침 함께 있던 손님이 의아해하며 물었고 이항복의 대답은 간단했다.

"내가 잘못했으니 그 사람이 화내고 욕을 퍼붓는 거야 당연하잖소. 마음껏 욕을 해서 분을 풀고 가도록 내버려 두는 게 마땅하오."

가히 이항복다운 도량이다. 정승 자리에 앉아서도 한 여인의 아픈 속을 달래기 위해 '머리 허연 늙은 것' 소리를 감수했던 것이다. 그러나 어찌된 것이 윗자리에 앉은 사람들이 더 속이 좁은 게 요즘 풍경이라 이런 이야기가 정말 먼 남의 나라 이야기처럼 느껴진다.

신문의 정치면을 읽다 보면 마치 반전을 거듭하는 연속극을 보는 듯한 인상을 받을 때가 많다. 이편에서 이리 욕하면 저편에서 저리 욕하고, 오늘은 이편이 거짓이라더니 내일은 저편이 거짓이라며 아수라장이 펼쳐진다. 텔레비전에서는 그런 장면의 하이라이트만 엄선하여 마치 스포츠 중계의 진기명기마냥 희화화하기도 한다.

그렇게 귀를 시끄럽게 하고 속을 더부룩하게 하는 그 좀팽이들 판에 이항복 같은 인물이 한둘쯤 섞여 있다면 어떨까. 욕을 좀 들어도 대수롭잖게 넘기는 그런 아량을 보인다면 혹은 욕먹을 각오를 하고 누군가를 위해 나서 준다면 얼마나 좋을까. 링컨 같은 위인도 정적(政敵)으로부터 두 개의 얼굴을 가진 이중인격자라는 비난을 받았는데 그때 그는 "내게 얼굴이 두 개 있었다면 이렇게 못 생긴 얼굴로 오늘 나왔겠습니까"라고 웃으며 받아쳐서 상대를 머쓱하게 만들었다.

그러나 이항복같이 도량 있고 유연했던 인물도 끊임없이 어느 한쪽 파당으로 몰렸으니 우리나라 역사는 그럴 여유가 없었나 보다. 그는 결국, 인목대비를 폐위하고 유폐하는 데 반대하다가 끝내 관작(官爵)을 삭탈당하고 유배지에서 목숨을 잃고 말았다.

안타까운 마음에 이렇게라도 외치고 싶다.

"세상의 좀팽이들이여, 그대들의 밴댕이 같은 속을 좀 넓혀서 속 넓은 사람들이 숨 좀 쉬게 합시다!"

흑치상지와 말 무덤

무엇이든 속도가 빨라지면 사람들은 쾌감을 느낀다. 그러나 속도도 속도 나름이어서 속도에 속도가 더해져 가속도가 붙으면 어지럽다 못해 두려워지기도 한다. 천 년 전에 살던 사람이 백 년 전의 모습을 상상하기는 그리 어렵지 않았겠지만 백 년 전에 살던 사람이 지금 우리의 모습을 쉽게 상상하지는 못했을 것이다. 이런 추세라면 앞으로 십 년 후에 우리가 어떻게 살아갈지조차 예측하기 쉽지 않을 듯하다.

여기저기서 속도 경쟁이 붙고 빨리 가는 게 능사라는 생각이 사회에 만연하고 있다. 늦게 가면 동료에게 치이고, 경쟁 회사에 먹히고, 이웃 나라에 굴종하게 된다고 생각하는 것 같다. 속도 경쟁에 뛰어든 사람들 대부분이 나름대로 자기 일에 자부심도 강하고 그 분야에서 한 가닥씩은 한다는 사람들이고 보면 나 같은 사람이 걱정할 일도 아니지만 왠지 안쓰러운 느낌이 들 때가 있다.

서기 660년 나당 연합군에 의해 백제가 망한 뒤, 여기저기서 백제를 부흥시켜 보겠다는 사람들이 일어났다. 흑치상지(黑齒常之, 630~689)도 그중 한 사람이었다.

흑치상지는 날마다 무예를 열심히 닦고 좋은 말을 구해서 기르며 와신상담 백제의 부흥 기회를 엿보고 있었다. 특히 그의 말은 하루에 천리를 간다는 명마여서 명성이 자자했다.

어느 날, 흑치상지는 자신의 천리마를 시험해 보고 싶었다. 대체 얼마나 빨리 달리는지 궁금했던 것이다. 그는 말 위에 올라 활을 힘껏 당긴 후 활이 날아간 방향으로 말을 타고 내달렸다.

얼마나 지났을까, 흑치상지가 탄 말의 속력이 얼마나 빨랐던지 그가 어느 산꼭대기에 다다랐을 때까지도 화살은 미처 따라 오지 못했다. 흑치상지는 말에서 내려 뒤를 살펴 보았다.

그때 마침 뒤따라 날아온 화살이 흑치상지의 천리마를 맞히고 말았다. 천리마는 그렇게 허무하게 죽었고 흑치상지는 그 자리에 말 무덤을 만들어 주었다.

실제 역사가 아닌 설화이니 곧이곧대로 믿을 필요는 없겠다. 하지만 웬만한 시골에만 가 보아도 여기저기 '말 무덤'으로 불리는 봉긋한 둔덕이 있는 것을 보면 많은 사람들이 이런 부류의 이야기를 믿었던 듯하다.

옛이야기에는 종종 비운의 장수가 등장한다. 그런 장수들은 모두 실력은 꽤 훌륭했으나 불행히도 시대를 잘못만나 제 뜻을 펴지 못했다는 비슷한 레퍼토리를 하나씩 가지고 있다. 제법 나이가 든 사람들 또한 시대를 탓하며 대체로 자신의 불우와 불운, 불행과 불만을 이야기하곤 한다. 일견 지극히 평온하고 성공적인 삶을 살아온 것처럼 보이는 이들에게까지 그런 말을 들을 때는 참 당혹스럽다. 그러나 무엇보다 우리를 더 당혹스럽게 하는 것은 이 이야기 같은 일이 현실화되는 경우다. '시대착오'라는 말은 시대에 뒤떨어진 경우에만 쓰는 용어라고 생각하겠지만 현실에서는 시대를 너무 앞서 간 그 반대의 경우에도 얼마든지 쓸 수 있다.

어떤 사람은 수십 년 전 미국에서 그 어려운 항공 공학을 공부하고 돌아와 간신히 국내 자동차회사에 취직했고, 또 어떤 사람은 인터넷전용선이 일반 가정에 미처 다 보급되기도 전에 콘텐츠 사업에 뛰어들었다가 고배를 마셨다. 가만히 살펴보면 '5년만 일찍 시작했더라면' 하고 무릎을 치는 사람의 뒤편 어딘가에는 또 '5년만 늦게 시작했더라면' 하면서 통탄하는 사람도 있는 것이다.

너무 앞서 가느라 제 화살에 맞느니 좀 천천히 가는 게 어떨까 싶다. 화살보다 빨리 달리는 말을 시험하느라 화살 잃고, 말 놓치고, 사람 상하는 일이 어찌 없을까. 저속을 용납할 수 없는 나이가 있었듯이, 과속을 제어할 수 없는 나이도 있을 터다. 몸을 망치는 이유가 잘 달리는 재주가 없어서가 아니라 너무 잘 달렸기 때문일 수도 있다는 사실을 음미해 볼 필요가 있다.

한 가지 덧붙여서 제 속도를 과도하게 내는 것도 문제지만 자신은 가만히 있으면서 다른 사람의 속도를 채근하는 것은 더욱더 문제다. 자기가 나이 들어 못하는 일을 아랫사람에게 전가할 때 문제는 더욱 심각해지곤 하니 말이다.

어느덧 인생의 가을은 깊을 대로 깊어서 가만 두어도 열매가 여물고 단풍이 들며 잎이 떨어진다. 천리마를 타고 팔구백 리만 간들 어떻겠으며, 말을 잊고 하릴없이 가을 산을 소요한들 또 어떻겠는가.

날지 못하는 것이 한이다

나를 무척 아껴 주시던 선생님이 한 분 계셨다. 만나 뵐 때마다 늘 살가운 애정이 느껴지곤 했는데 그 때문인지 나 또한 스스럼없이 맘속에 있는 이야기들을 털어놓곤 했다. 그렇게 선생님과 편하게 지내다 보니 가끔은 선생님께 해서는 안 될 실없는 농담도 하곤 했나본데 이런 나를 두고 주위에서는 걱정을 좀 했더랬다.

"그 어려운 선생님 앞에서 너는 어쩜 그렇게 말을 쉽게 하니?"

그러나 정작 선생님께서는 내게 늘 이렇게 말씀하셨다.

"이 군은 언제나 밝게 잘 웃으니 꼭 잘될 줄 믿네."

그런 선생님의 기대에 부응하지 못하는 것이 죄송스럽지만, 그 덕담 만큼은 '암담한 상황이라도 농담을 할 만하다면 희망이 있다'

는 뜻으로 새겨 두었다. 그렇다면 그 반대의 상황도 있을 것이다. 농담 한마디 할 여유도 없는 절박한 순간 말이다. 다음의 옛이야기가 바로 그런 상황이 아닐까 한다.

옛날 어떤 아전이 글을 참 잘 지었다. 원님이 그 재주를 기특하게 여겨 밤이 늦도록 함께 시를 짓곤 했다. 서로 지은 시를 읽고 평하다 보면 시간이 무척이나 빨리 지나갔다. 그날도 둘은 함께 시를 지었는데 아전이 시를 하나 짓고 보니 내용이 영 찜찜했다.

"나리, 밤도 늦고 했으니 저는 이제 그만 물러가겠습니다."

아전은 허둥지둥 얼른 자리에서 물러나왔다.

원님은 평소와는 다른 아전의 표정이 마음에 걸렸다. 그가 어떤 시를 지었는지 궁금하여 종이를 들여다본 원님은 깜짝 놀랐다. 개구리에 대해 쓴 시였는데 '초로봉사한불비(草路逢蛇恨不飛)'라고 되어 있던 것이다. "풀길에서 뱀을 만나니 날지 못하는 것이 한스럽네"라는 뜻이었다.

원님은 뭔가 심상치 않은 일이 일어날 것만 같았다. 혹시 아전이 무슨 큰 변을 당하지나 않을까 심히 걱정되었다. 그리하여 원님은 즉시 사람을 시켜 아전의 뒤를 쫓아가 보라고 했다. 그러나 아전은 이미 귀갓길에 호랑이에게 물려 죽은 뒤였다.

시가 어떤 조짐을 드러내서 시의 내용이 뒷일과 꼭 맞는 일을 시참(詩讖)이라 한다. 시에는 대단한 힘이 있어서 시에서 읊은 내용이 어떤 조짐을 드러내고, 그 조짐이 현실로 드러나기도 한다는 것이다. 원님이 곧바로 아전의 뒤를 밟게 한 것도 그런 조짐이 보였기 때문이다.

자신이 쓴 시에 자신의 운명이 담긴다니 참으로 놀랍다. 하긴 지리산을 노래한 시인이 지리산에서 실족사를 했다거나 죽음에 관한 연작시를 쓴 시인이 얼마 못가 죽었다는 이야기를 종종 듣는다. 어디 시뿐인가. 옛날 가수들 중에는 자기가 즐겨 불렀던 히트송의 노랫말대로 살게 되는 경우도 꽤 있는 모양이다.

어쨌거나 이야기 속에서 아전이 지은 시 내용은 참으로 불길하다. 풀길에서 뱀을 만난 개구리라면 꼼짝달싹할 수가 없다. 물가였다면 일단 풍덩 빠져 보기라도 하고, 산길이라면 좀 더 높은 곳으로 폴짝거리며 뛰어 보기라도 할 텐데 풀길에서는 모두 허사일 뿐이다. 뱀이 비록 개구리의 천적이지만 뱀이 따라오지 못하는 개구리의 두 가지 재주인 헤엄치기와 뛰어오르기를 전혀 써 볼 틈이 없는 것이다. 개구리는 그것이 딱하고 한스럽다. 결국 자신에게 하늘을 나는 재주가 없음을 통탄하기에 이른다.

이 이야기는 그와 같은 피할 수 없는 운명에 대해 말하고 있다. 이야기 속에서 시를 쓴 아전 역시 개구리와 같은 상황을 맞았고 목숨을 잃었다.

 옛이야기 중에는 이처럼 도깨비나 호랑이, 혹은 정체불명의 괴물에게 잡아먹히는 사람들이 많이 등장한다. 하지만 거기에는 어떤 복잡한 서사도 없고 그 사람이 죽어야할 만큼 큰 잘못을 저질렀다는 이야기도 서술되어 있지 않다. 그저 어떤 사람이 산을 가다가 호랑이를 만났는데 호랑이가 그 사람 위로 펄쩍 세 바퀴를 돌더니 그냥 잡아먹었다는 것이 이야기의 전부다.

 이런 옛이야기들처럼 세상에는 설명할 수 없는 일도 많고 아무 이유 없이 덤벼드는 악도 많다. 우리가 설명하고 분석하려 드는 그 순간, 아니 그런 마음을 먹기도 전에 우리를 동강낼 만큼 강력한 적들이 즐비하다. 대적할 수 없는 적이 있다는 것, 그 적 앞에서 우리는 무기력할 수밖에 없다는 것, 그래서 우리는 우리의 한계를 인정하고 수용해야 한다는 것, 어쩌면 그것이 세상에서 가장 가슴 아픈 진실이 아닐까.

 무엇이 되었든 대적할 수 없이 큰 악이라면 가까이에 없는 것이 가장 좋겠다. 그러나 피할 수 없다면 어쩔 수 없이 받아들여야 한다. 옛사람들은 그런 엄청난 상대는 늘 조심했다. 천둥번개 요란한 날에는 외출을 삼갔고, 천연두처럼 사람의 목숨을 좌지우지하는 병에는 '마마'라는 극존칭을 쓰며 자신에게 함부로 해코지하지 못하도록 조심했다. 나 또한 몇 차례 그런 피할 수 없는 악을 만난 일이 있다. 때로는 면전에서 나를 짓뭉개기도 했고 때로는 꿈에 나타나 가위에 눌리게도 했다.

어느 선인의 가르침에 따른다면, 교활한 사람은 조심해야 하는데 그를 두려워해서가 아니라 자기 자신을 공경하기 때문이라고 한다. 교활한 사람이든 사악한 사람이든, 내가 대적하기 버거운 악 앞에 서라면 몸을 최대한 낮추고 나를 공경하는 자세로 조심하고 또 조심할 일이다.

아프더라도 진실이면 받아들여야만 하는 것이 또한 어른스러움의 한 요건일 터. 아, 어른이 되는 길은 멀고도 험하구나.

마부의 탈출

　스물을 갓 넘길 무렵 쭉 뻗은 듯 보이던 길도 서른이나 마흔을 지날 때는 다소 굽어보이기도 한다. 어디 보이기만 그러할까. 실제로 굽은 길을 지나기도 하고 원치 않던 곁길로도 걸었을 터다. 쉼표 하나 없이 내지를 것만 같던 그 길에 어느새 쉼표가 찍히고 되돌이표가 놓이는 게 순리라면 순리겠다. 처음부터 끝까지 음표로만 이어진 악보가 어찌 제대로 된 소리를 낼 수 있을까. 쉼표를 본 김에 쉬어도 가고, 때로는 못갖춘마디에도 머물다가 되돌이표를 본 김에 스쳐온 길을 되짚어 보기도 해야 할 것이다.
　난데없이 서가에서 사마천의 《사기열전(史記列傳)》을 집어 들었다. 원문, 번역본을 합쳐서 여러 종류의 책이 꽂혀 있는 것을 보면 꽤나 중요하게 여겼던 책이었으리라. 그러나 이제는 언제 읽었는지 조차 기억이 가물거린다. 책장을 다시 펼치고 몇 자 읽어 나가다 멈칫했다. 어느 한 대목에서 나도 모르는 사이 한숨인지 신음인지 모를 소리가 터져 나오고야 만 것이다.

춘추 시대, 제나라의 재상이 된 안자(晏子, ?~B.C. 500)가 외출 준비를 하고 있었다. 마부는 서둘러 마차를 안자의 집 문 앞에 대령한 채 그를 기다렸다. 그때 마부의 아내가 문틈으로 제 남편의 행동을 엿보았다. 그는 재상의 마부가 되었다는 자부심으로 일산(日傘, 햇볕을 가리는 큰 양산)을 세우고 사두마(四頭馬)에 채찍질을 하면서 의기양양해 있었다.

얼마 후 집에 돌아온 마부에게 아내는 이렇게 말했다.

"당신과 갈라서겠어요."

깜짝 놀란 남편이 그 이유를 물었다.

"안자는 키가 여섯 자도 못 되지만 제나라의 재상이 되어 그 이름이 제후들 사이에 잘 알려져 있어요. 지금 제가 그분의 외출하는 모습을 살펴보니 깊은 생각에 잠긴 듯 겸손하셨습니다. 그런데 당신은 키가 여덟 자나 되면서도 남의 마부가 되어 거기에 만족스러운 듯 으스대고 계시니 이제 당신 곁을 떠나려는 것입니다."

그 후로 마부는 행동에 있어 자중하고 겸손하기 위해 노력했다. 안자가 평소와 다른 마부의 행동을 이상히 여겨 그 까닭을 물었고 마부는 아내와 있었던 일을 사실대로 아뢰었다. 안자는 곧 마부를 추천하여 대부 자리에 앉혔다.

《사기열전》에 기술된 안자의 행실은 검약(儉約)과 역행(力行)으로 집약된다. 그는 한 나라의 재상이 된 뒤에도 고기반찬은 한 가지만 올리게 했고 첩에게 비단 옷을 입지 못하게 했다. 국정이 바르게 돌아갈 때는 윗사람의 명령을 따르고 정당하지 않은 명령을 받았을 때는 스스로 명령의 옳고 그름을 가려서 옳다고 생각하는 대로 실천했다.

한번은 외출했다가 월석보라는 현인이 죄수로 있는 것을 보았다. 그는 즉시 제 삼두마차의 말 한 마리를 내어 주며 속죄하게 하고는 그를 집으로 데리고 왔다. 그런데 그만 월석보에게 인사도 없이 방으로 들어가 버리는 결례를 하고 말았다. 자신에게 예의를 갖추지 않은 것에 화가 난 월석보는 안자에게 절교를 선언했다. 그제야 사태를 파악한 안자가 말했다.

"제가 큰 실수를 범했습니다. 사과드리지요. 그러나 당신을 재액에서 벗어나게 해주었는데 너무 빨리 절교를 선언하는 것은 좀 서운합니다."

그러자 월석보는 서슴지 않고 대답했다.

"내가 듣기로 군자는 자기를 이해하지 못하는 자에게는 굴복하지만 이해해 주는 자에게는 믿고 제 뜻을 나타낸다고 합니다. 내가 죄수들 사이에 있을 때는 옥리들이 나를 이해해 주지 않았기 때문에 굴복했습니다. 그러나 당신은 이미 느끼는 바가 있어 나를 속죄해 주셨으니 나를 이해한 것입니다. 그렇게 나를 알아준 뒤에 예의를 무시하신다면 차라리 죄수들 사이에 있는 편이 낫습니다."

안자는 월석보의 말을 듣고 크게 깨달아 그를 상객(上客)으로 모셨다.

사람의 출중함을 단번에 알아보는 것은 물론 자신의 잘못을 깨치는 데에서 안자의 인간됨이 충분히 드러난다. 안자의 가장 큰 덕은 사람을 가리지 않았다는 점이다. 죄수도 대신 죗값을 치러 주고 집으로 모셔 상객으로 대우했고 마부라도 발탁하여 벼슬자리에 앉히기를 주저하지 않았다.

월석보는 그렇다 치더라도 안자가 마부를 대부 자리에 앉힌 이유는 무엇일까. 마부는 분명 월석보 같은 현인은 아니었지만 자신의 잘못을 알고 고치기 위해 노력했다는 점을 높이 산 것이겠다. 부부 간에도 허물없이 잘못을 말하기는 매우 조심스럽다. 상대를 진심으로 생각해서 말한 충고도 감정부터 앞세워 언짢아할 수 있기 때문이다. 이 점에서 마부의 아내도 아내려니와 아내의 충고를 잘 받아들인 마부 또한 훌륭한 인품임을 안자는 파악했던 것이다.

마부에게 혹독한 비평가인 아내가 없었다면, 그 비평을 좇아 마부 스스로 제 잘못을 고치기 위해 노력하지 않았다면, 마부의 달라진 행실을 보고 안자가 벼슬자리를 천거하지 않았다면 마부는 여전히 마부로만 살았을 것이요, 세상은 인재 하나를 놓쳤을 것이다.

나이가 들면서 가끔은 훈계가 그리울 때가 있다. 그나마 나는 학교 언저리에 남아 있었기 때문에 몇몇 선생님들이 미욱한 제자를 위해 몇 마디씩 해주시곤 했지만 어느새 쓸 만한 훈계를 들은 기억이 가물가물하다. 애정 어린 훈계의 자리에 입에 발린 칭찬이나 알맹이 없는 비난이 대신하고 있다.

사마천은 말한다.

"만약 안자가 지금껏 살아 있다면 나는 안자를 위해 마부가 되어 채찍을 드는 일이라도 기꺼이 하련다."

천하의 사마천이 궁형(宮刑, 생식기를 없애는 형벌)의 수모를 감내한 채 써내려 간 저술에서 그렇게 말할 때야 우리네 같은 보통 사람이 무얼 더 말할 것인가.

다소 불운하여 안자 같이 덕이 있고 훌륭한 웃어른을 못 만나더라도, 더욱 불행하여 좋은 아내나 남편마저 없더라도 채찍 쥔 손에 힘을 빼고 겸손하게, 발소리와 목소리를 낮추고 조신하게 처신해야 하지 않을까. 지금 하고 있는 마부 구실도 제대로 못하는 주제에 언감생심 마부 탈출을 꿈꾼다면 그것이야 말로 어림없는 일이다.

물결 일곱

넉넉하게 살아가기

평생 쓰고도 남는 것
어찌하리와 좋을시고
쌀이면 더 좋고 돈이어도 좋다
비단산과 가죽신
있지도 않은 사촌 덕분에
염라대왕도 못할 일

평생 쓰고도 남는 것

안도현 시인은 봉급을 고삐에 비유했다.

"염소는 / 고삐에 묶여서 / 한평생 또 한평생 / 고삐의 길이만큼 / 멀리 나갔다가 / 밤에 집으로 돌아간다네(시 〈봉급 받는 날〉 전문)."

이 짧은 시를 그냥 훅 읽고 지나칠 봉급쟁이가 얼마나 될까. 모르긴 해도 열에 예닐곱은 기분이 착잡할 것이고, 나머지 서넛이라 해도 제 고삐의 길이를 가늠하느라 마음이 심란할 것이다. 봉급이 아무리 많아도 고삐에 묶인 이상 내가 갈 수 있는 한계가 고작 고삐의 길이라는 데서 비애를 느낄 터. 거기에 고삐 길이까지 짧고 먹을 것이 궁하다면 언제나 고삐 저쪽의 푸른 초원을 선망하는 것이 인지상정이다.

옛날, 욕심 많은 사내가 살았다. 욕심이 많다 보니 인근에 거들먹거리며 살 정도로 제법 재산을 모았다.

어느 날, 산 너머에 있는 사돈댁에 경사가 있어 인사를 가게 되었다. 제일 좋은 진솔 비단 옷을 차려 입고 길을 나섰는데 개천을 건너려다 보니 웬 선비 하나가 바지를 걷어붙이고는 물을 텀벙대며 무언가를 찾고 있었다.

사내는 궁금한 나머지 다가가 물었다.

"대체 무얼 잃어버리셨소?"

그러나 선비는 대답 없이 찾기에만 열심이었다. 사내가 재삼 묻자 귀찮다는 듯이 대답했다.

"평생 쓰고도 남는 것을 여기에 빠뜨렸소."

사내는 그 말에 귀가 번쩍 뜨였다. 평생 쓰고도 남는 것이라면 귀한 것 중에 귀한 것일 게고, 그걸 찾아 준다면 떡고물이라도 생길성 싶었다. 생각이 거기에까지 미치자 사내는 체면이고 진솔 비단옷이고 신경 쓰지 않고 개울물로 첨벙 들어가며 말했다.

"내가 같이 한번 찾아보겠소."

흙탕물에 금세 옷이 망가졌으나 사내는 개의치 않았다. 그렇게 얼마쯤 개울물을 휘저으며 허우적거렸지만 도통 귀한 것이라고는 눈에 띄지 않았다. 사내가 서서히 지쳐갈 무렵 선비가 물속에서 무언가를 집어 들었다.

"드디어 찾았구나, 찾았어!"

그것은 다름 아닌 붓 한 자루였다. 선비 얼굴에는 화색이 돌았지만 사내는 화가 치솟았다.

"평생 쓰고도 남는 것이라더니, 겨우 붓 한 자루요? 공연히 내 비단 옷만 버렸잖소!"

그러자 선비는 담담한 표정으로 말했다.

"나는 이것 하나면 평생 쓰고도 남소. 그런데 내가 언제 당신보고 찾아 달라고 했소?"

사람이 사는 동안을 평생이라 하고, 한평생은 길어야 백 년이다. 자손들의 생까지 생각한다면 말이 달라지겠지만 보통 사람들이 생각하는 평생의 범위는 백 년 그 언저리일 것이다. 평생 쓰고도 남는 것을 가지고 있다면 그만한 복이 없다. 대부분의 사람들은 '고삐'의 비애를 떠올리며 내게는 그런 복이 없다고 생각한다. 고삐가 짧아서 평생은 고사하고 다음 월급날까지 버티기도 버겁다고 생각하는 것이다.

이십여 년 전 석사학위를 받을 때 어느 선배로부터 만년필을 한 자루 선물 받았다. 퍽이나 고급스러운 금속제 자루에 용이 아로새

겨진 것이었다. 그때만 해도 나는 그것 한 자루면 평생을 쓰지 않겠는가 생각했다. 펜촉이야 몇 번 갈 수도 있을 테고, 잉크는 새로 넣어 주면 그뿐이니 말이다. 그러나 세월이 흘러 만년필을 쓰지 않게 되었고 어느새 그것의 행방마저 묘연해지고 말았다. 만년필 대신 컴퓨터로 작업을 하면서 벌써 몇 대인지도 모를 컴퓨터를 갈아치웠고 지금 사용하고 있는 이 컴퓨터 녀석과도 평생 함께할 거란 생각은 아예 생각조차 할 수 없게 됐다.

이쯤에서 곰곰 생각해 본다. '비단옷으로 치장한 사내의 거드름과 개울가에서 잃어버린 붓 한 자루를 찾는 선비 사이의 거리는 얼마나 될까?', '염소의 고삐 밖으로 보이는 초원은 정말 넓고 기름진 것일까?'

그렇게 묻는 사이에 내게도 평생 쓰고 남는 것들이 있다는 생각이 퍼뜩 스친다. 무리만 하지 않는다면 앞으로도 한 삼십 년쯤은 건강하게 버텨 줄 육신과 지구의 종말이 오지만 않는다면 아무리 들이마셔도 부족하지 않을 공기, 또한 고삐에 매여서라도 마음껏 바라볼 수 있는 보름달의 운치와 초원의 풍광들….

주위를 돌아보면 선비의 '붓 한 자루'는 사방 천지에 널려 있다. 그래서 어쩌면 '고삐' 또한 마음의 가난에 지나지 않을지도 모른다. 평생 쓸 거라고 생각했지만 지금은 자취조차 숨어 버린 그 만년필을 떠올리며 새삼 '평생 쓰고도 남는' 귀한 것들을 좀 더 찾아보고 감사해야겠다.

어찌하리와 좋을시고

신라 헌강왕 때였다. 왕이 바닷가 근처를 거니는데 느닷없이 운무가 자오록해져서는 길을 잃고 말았다. 왕이 곁에 있는 신하들에게 그 이유를 묻자 일관(日官, 천문 관측이나 기상 등을 담당하는 관리)이 왕에게 아뢰었다.

"이것은 동해 용왕이 일으킨 변고입니다. 마땅히 좋은 일을 해서 풀어 주는 게 옳다고 생각합니다."

왕은 즉시 가까운 곳에 절을 짓게 했다. 그러자 신기하게도 운무가 금세 걷혔다. 동해 용왕은 기쁜 나머지 아들 일곱을 데려와 춤을 추고 막내아들 처용을 왕에게 바치고는 떠났다.

그 처용이 어느 날, 집에 가니 역신(疫神, 전염병의 신)이 제 아내를 범하고 있었다. 처용은 아내와 역신의 다리 네 개가 서로 얽혀 있는 것을 보며 노래했다.

"둘은 내 것이건만 / 둘은 누구 것인가?

본디 내 것이었지만 / 빼앗아간 것을 어찌하리."

그러자 역신은 너무 놀라 처용에게 사죄하며 다시는 처용 앞에 나타나지 않겠다며 돌아갔다.

또 한 번은 헌강왕이 포석정에 놀러갔다. 마침 남산을 지키는 신령이 나타나 춤을 추었는데 왕의 눈에만 보이고 다른 사람들 눈에는 보이지 않았다. 왕은 사람을 시켜 그 춤사위를 본떠 조각하게 했다. 왕이 금강령에 갔을 때도 북악의 신령이 나타나 춤을 추었고, 동례전에서 연회를 할 때도 땅을 지키는 신령이 나타나 춤을 추었다.

이 일을 두고 어떤 책에서는 "신령들이 왕에게 춤을 바치며 '지리다도파(나라를 지혜롭게 다스리는 사람들이 다들 도망가 도읍이 무너질 것이라는 뜻)'라고 노래했지만 임금은 상서로운 조짐으로 생각하며 계속 탐락을 즐기다 결국 나라가 망하고 말았다"라고 전한다.

두 이야기는 헌강왕이라는 인물을 빼고 나면 딱히 공통적으로 엮일 것이 없어 보인다. 하지만 신기하게도 이 이야기들은 《삼국유사》의 〈처용랑 망해사〉에 나란히 실려 있다. 자세히 들여다보면 두

이야기가 퍼즐 조각처럼 꼭 들어맞기 때문이다.

첫 번째 이야기를 살펴보면 뭔가 이상한 조짐을 느낀 신하들이 왕에게 좋은 일을 해야 한다는 뜻을 내비쳤다. 헌강왕은 신하들의 의견을 즉시 따랐고 그 결과 용왕이 기뻐하며 자신의 귀한 아들을 왕에게 바쳤다. 더욱이 그 아들은 '처용 얼굴'의 위력을 살려 처용 가면을 쓰고 처용의 춤을 추는 것으로 전염병을 물리치는 공까지 세웠다.

그러나 두 번째 이야기는 사뭇 다르다. 포석정이나 궁전 뜰에서 연회를 즐기며 노는 가운데 신령들이 계속 나타나 춤을 추었다. 얼마나 답답했으면 신이 나서서 경고했을까만 왕은 그들을 그저 인간 잔치에 놀러온 경축사절쯤으로 치부했다. 그 결과 신라는 쇠퇴의 길을 걸었고 오래잖아 멸망하고 말았다.

참 신기하다. '어찌하리' 하며 체념한 처용에게 역신은 몸을 굽혔고, '좋을시고' 하며 놀았던 왕에게는 망국으로 가는 길을 안내했으니 말이다. 그러나 아무래도 핵심은 그게 아닌 듯하다. 앞이야기의 헌강왕은 제 할 도리를 다했지만 뒷이야기의 헌강왕은 사태 파악을 못하고 놀기에 여념이 없었다는 것을 기억할 필요가 있다.

신은 언제나 우리 주위를 맴돌지만 여간해서는 그 모습을 보기 어렵다. 어쩌다 모습을 본다 해도 그 소리를 듣기 어렵고 소리를 들어도 참뜻을 파악하기 어렵다. 경제 위기든 무차별 테러든 우리를 둘러싸고 있는 문제들 하나하나가 어쩌면 신들의 귀한 소리일지도 모른다. 그 소리를 잘 알아듣는다면 '어찌하리'도 해답이요, '좋을시고'도 괜찮은 대안이 될 수 있다. 하지만 못 알아듣는다면 '어찌하리'는 어림없는 도피요, '좋을시고'는 어리석은 객기일 뿐이겠다.

공자는 이런 말을 남겼다.

"어찌할까 어찌할까, 하지 않는 사람은 나도 어찌할 수가 없다(不曰 如之何如之何者 吾末如之何也已矣)."

스스로의 문제에 대해 골똘히 생각하지 않거나 걱정하지 않는 사람이라면 그 어떤 대책도 없다는 말이다. 그런가 하면 선비 이덕무는 스스로를 '간서치(看書痴, 책만 보는 바보)'라고 부를 만큼 책벌레였지만 봄철 한식 어름의 열흘 정도는 좋은 풍광을 구경하며 돌아다녔다고 한다. 이로 보아 삶을 잘 꾸려나가는 길은 너무도 분명하다. 제 앞가림도 못하며 허송하는 사람은 성인도 구제할 수 없으며, 제 할 도리를 다하며 노는 사람이라면 아무 문제가 없다.

한 가지 덧붙이자면, 처용이 보여 준 '어찌하리' 또한 그저 체념이 아니라 보통 인간이 보일 수 없는 커다란 관용이었고 그 점이 역신을 굴복시켰다는 사실이다. '어찌하리' 또한 다 같은 것이 아니니 이를 또 어찌할까. 그래도 어찌할까 어찌할까 하다보면 뭔가 답이 나오지 않을까 한다.

쌀이면 더 좋고 돌이어도 좋다

　신혼 초, 우리 부부도 남들처럼 집들이를 했다. 옹색한 살림이었지만 대학원생 후배들이 잔뜩 집에 왔었다. 한창 즐겁게 이야기를 나누던 중에 어떤 후배 하나가 벽에 걸려 있던 그림 액자로 눈길을 돌렸다.
　"형, 이 그림 진짜예요?"
　나는 빙긋 웃고 말았다. 친구가 선물로 사 준 액자였는데 그 액자 속에는 유명한 김환기 화백의 그림이 들어 있었다. 허나 우리 집에 귀한 진품 그림이 걸려 있을 리는 없지 않은가. 정밀하게 인쇄된 그림이라고 말하려는 찰나 다른 후배 하나가 불쑥 끼어들었다.
　"이게 진짜면 이 집을 통째로 팔아도 못 사."

분명 맞는 말이었지만 왠지 모르게 씁쓸한 기분이 들었다. 그러나 어쩌랴. 세월이 한참 지나고도 그런 대가의 명화는커녕 중견 화가의 소품 한 폭 소장하기도 쉽지 않은 게 현실이다. "그대의 가치는 그대가 품고 있는 이상에 의해 결정된다"라는 명언의 가치는 어디로 간 것일까. 이런 생각에 어깨가 축 처질 때마다 떠올리며 힘을 얻는 옛이야기가 하나 있다.

옛날, 지독하게도 가난한 집이 있었다. 식구는 많은데 가진 것은 없으니 하루하루 끼니를 걱정하며 지내야 하는 형편이었다. 그래도 굶어 죽을 수는 없는 노릇이어서 이웃에 사는 부자에게 쌀 석 섬을 꾸었다. 삼 년 뒤에 갚겠다고 약속했지만 해가 지난다고 해서 형편이 나아지는 것은 아니었다.

어느덧 그렇게 삼 년이 흘렀고 기일이 다가와도 식구들은 누구 하나 대책을 마련하지 못했다. 하루는 보다 못한 막내아들이 나서서 하소연했다.

"어떤 사람은 팔자가 좋아서 쌀 노적을 쌓아 놓고 사는데 우리는 밤낮으로 일하면서도 왜 이렇게 가난하지요? 쌀 노적은 못 쌓아 놓고 살더라도 우리 돌 노적이라도 한번 쌓아 놓고 살아 봐요."

식구들은 새롭게 마음을 다지는 차원에서 막내아들의 말을 따르기로 했다. 그때부터 식구들은 밖에 나갔다가 들어올 때마다 돌을 하나씩 주워왔다. 그렇게 돌을 하나둘씩 쌓아 나갔고 어느새 그럴 듯한 돌 노적이 만들어졌다. 돌 노적이 크고 높아질수록 식구들은 돌을 쌓기 위해 까치발을 들어야 했다.

어느 날, 아버지는 흐뭇한 마음으로 돌 노적을 올려다보았다. 비록 쌀 노적은 아니지만 식구들 모두 한 마음으로 만든 돌 노적이기에 무척이나 특별했다. 그런데 가만 보니 맨 윗자리의 돌 하나가 부족했다. 아버지는 돌을 찾으러 밖에 나갔고, 예상치 못한 비를 만났다. 어느 집 추녀 밑에서 얼마 동안 비를 피하고 있는데 하늘에서 벼락이 치더니 커다란 돌이 눈앞에 떨어졌다. 아버지는 그 돌을 집으로 가져왔고 돌 노적의 맨 위에 올려 두었다.

그러나 문제는 돌을 아무리 많이 쌓아 놓는다 해도 돌이 쌀이 되거나 돈이 될 리 없다는 것이다. 빌린 쌀 석 섬을 갚아야 할 기한이 지났지만 이자는커녕 원금조차 갚을 수 없었다.

쌀을 꾸어 준 부자는 이웃집에서 아무 소식이 없자 은근히 불안해지기 시작했다. 부자는 말이라도 한번 꺼내 보려고 그 집에 가 보았다. 그를 가장 먼저 반긴 것은 다름 아닌 집 마당의 돌 노적이었다. '웬 돌들을 이렇게 쌓아 놓았지?' 돌 노적의 높이가 상당하여 위로 한번 쭉 올려다보는데 웬 걸, 맨 위에 번쩍번쩍 빛나는 돌이 하나 얹혀 있는 것이 아닌가. 다시 살펴봐도 그 돌은 영락없는 금덩이였다. 부자는 곰곰이 생각하던 끝에 그냥 집으로 돌아왔다.

가난한 집에서는 부잣집에 쌀을 갚을 방도가 없어 결국 또 다른 집에서 쌀을 꾸어 대신 갚기로 했다. 막내아들에게 곧 쌀을 갚겠다는 말을 부잣집에 전하고 오라고 일렀다. 그러나 막내아들이 부잣집에 가자 부자는 이렇게 말했다.

"얘, 쌀은 안 갚아도 좋으니 너희 돌 노적하고 우리 쌀 노적하고 바꾸면 어떻겠니?"

막내아들은 두말없이 그러자고 했다. 그렇게 거래가 성사되었고 먼저 부잣집의 쌀 노적부터 옮기기로 했다. 그런데 부자는 맨 위에 있는 쌀 한 섬을 떼어 놓고 가라고 했다. 당장 먹을 식량이 필요했던 것이다. 막내아들은 아무 말 않고 시키는 대로 했다. 가난한 집에서 쌀 노적을 옮겨가자 부자는 하인들을 시켜 가난한 집의 돌 노적을 옮기려 했다. 그런데 이번엔 막내아들이 나섰다.

"우리도 맨 위의 쌀 한 섬을 놓고 왔으니 아저씨도 맨 위의 이 돌 하나는 놓고 가셔야지요."

부자는 아차 싶었지만 차마 아무 말도 할 수가 없었다.

가난한 집은 넉넉한 식량에 금덩이까지 생기고, 금을 헐값에 취하려던 부자는 달랑 쌀 한 섬만 남기고 식량을 모두 털리고 말았다. 분명 통쾌한 구석이 있는 이야기지만 가난한 사람이 부자가 되고 부자가 가난해졌다는 것에만 흡족해한다면 이 옛이야기를 그저 '자본의 재분배'와 같은 경제 논리의 틀 안에서만 본다는 뜻이다.

이 이야기를 제대로 파악하려면 가난한 집에 복이 내린 결정적인 근거를 살펴봐야 한다. 금덩이를 주운 것에 그치지 않고 부자가 평생 모은 쌀 노적을 손쉽게 얻을 수 있었던 이유는 비록 쌀은 없지만 다른 것으로라도 노적을 한번 쌓아 보자는 그 '마음' 때문이었다.

대부분의 사람들은 돌 노적 쌓는 일을 쓸데없는 짓이라고 여길 것이다. 하지만 그들이 오죽했으면 그랬을까 그 마음을 헤아린다면 그들에게 돌 노적 쌓는 일이 아주 가치 없다고 말할 수는 없다. 또한 실제로도 돌 모으는 일이 식구들에게 그리 무익한 일만은 아니다. 온 식구들이 한마음으로 뜻을 모으니 좋고, 돌을 줍기 위해 오며 가며 운동이 되었을 테니 좋다. 또 돌이란 것이 영구적인 성질이 있어서 한번 가져다 놓기만 하면 언제든 어떤 용도로 쓸 수 있으니 그 역시 좋다.

돌이 아니어도 그런 것들은 우리 주위에 널려 있다. 나의 처형은 냉장고에 붙이는 자석을 모은다. 그것은 어느 여행지에 가든 싸고 쉽게 구할 수 있으며 부피 또한 크지 않아 부담스럽지 않다. 또 매일 냉장고를 여닫으며 그동안 다닌 여행지를 떠올리게 되니 여행의 여운을 두고두고 즐길 수 있다. 산을 좋아하는 사람들이 등산하며 모은 배지들 역시 이와 같은 기능을 할 것이다. 남들에게는 쓸모없어 보이지만 그것을 모으는 일이 내게 소소한 기쁨을 안겨 준다면 그 일은 분명 내 삶을 풍요롭게 할 것이다.

　사람은 누구나 어떤 방식으로든 채우고 싶어 하는 욕망이 있다. 그러므로 그것을 억제하라고 다그치기에 앞서 그 마음을 어떻게 달랠지 궁리해 보는 일은 참으로 중요하다. 내가 이런 생각을 하게 된 것은 어느 베스트셀러의 한 구절을 읽은 뒤부터다.

　그 책에서는 개발이 되지 않은 지방의 허허벌판에 고층아파트 세운 것을 비난하고 있었는데 내 생각은 좀 달랐다. 허허벌판이라면 저층으로 짓는 것이 비용도 절감되고 자연경관도 해치지 않는다는 의견에는 나도 십분 동감한다. 그러나 그곳에 사는 사람들이 '우리도 한번 도시인들처럼 고층아파트에 살고 싶다'라는 욕망을 내비쳤다면 그것마저 나무랄 수는 없다고 생각한다. 걸인이라 하더라도 빳빳한 수표 한 장쯤 품에 넣고 싶을 수 있고, 볕 안 드는 지하 쪽방에 살면서도 한쪽 벽에 알프스의 사진을 걸어 두고 대리 만족을 경험할 수는 있는 것이다.

　쌀이 아니면 끝이 아니라 때로는 돌이 쌀을 대신할 수도 있고, 진품 그림이 아니면 가치가 없는 게 아니라 때로는 인쇄물에서도 원화가 주는 위안을 얻을 수 있다. 어떻게 해서든 꿈만 잃지 않는다면 다른 집에 있는 쌀 노적이 언젠들 안 생기겠는가. '쌀이면 좋고 돌이면 나쁘다'가 아니라 '쌀이면 더 좋고 돌이어도 좋다'라는 마음을 가졌으면 한다.

　또 한 가지, 이 이야기에서 문제 해결의 방안을 내놓은 사람이 막내 아들이었다는 점을 되새기면 좋겠다. 이 방법 저 방법 다 써 보고 안 될 때는 가장 잘 모를 것 같은 어린 사람이 가장 새로운 방법으로 문제를 해결할 수도 있다. 이럴 때는 내가 막내인 것이 자랑스럽다. 물론 농담이고, 천진한 마음만 있다면야 맏이면 어떻고 또 막내면 어떠랴. 아무 생각 없이 장난감을 모아 오던 남자가 나중에 그 장난감을 팔아 부자가 되는 이야기를 어느 영화에서 본 것 같다. 돈을 벌자고 모은 것은 아닐 테고 어른이 되어서도 아이들 장난감을 사 모으는 그 천진함이 바로 행운을 부르는 '돌 노적'의 힘이 아닐까 한다. 좋다. 무엇이든 쌓아 보자.

비단산과 가죽신

"이 교수, 요즘 공 좀 치나?"

'요즘 골프 좀 하느냐?' 하고 묻는 소리지만 처음 이 질문을 들었을 때는 참 많이 당혹스러웠다. '공 치다'라는 말을 '축구하다' 혹은 '허탕 치다'로만 알고 있었기 때문이다. 그럴 때 안 한다고 대답하면 상대는 대뜸 내 건강을 걱정하며 안타까워한다.

"대신 등산을 자주합니다."

이어지는 내 대답에도 저편의 걱정은 영 줄어들지 않는다. 그러나 누가 뭐라 하든 내게 등산만큼 좋은 운동은 없는 듯하다. 네 시간가량 산에 올라갔다 내려오면 기분이 상쾌해지고 무언가 정리되는 느낌이 들기 때문이다.

여태껏 가 본 산들 중에 아주 인상적인 산이 하나 있다. 경상남도 남해의 '금산'이 바로 그 주인공이다. 금산은 금강산만큼이나 아름답다고 해서 '남해금강'이라고 불린다. 총각 시절에 딱 한 번 가 본 게 전부지만 당시 산에 올라 내려다본 바다의 풍경은 정말이지 일품이었다. 산도 하늘도 물도 저마다의 빛깔로 어우러져 있는 절경이 지금도 눈에 선할 정도이니 말이다.

그런데 이 '금산'의 금이 '비단 금(錦)'자이고 보면 이 산은 필경 '비단산'이란 뜻이겠다. 금강산을 운운하면 당연히 금강산과 같은 '쇠 금(金)'자여야 할 텐데 무슨 까닭일까. 금산 이름의 유래에 대한 궁금증을 풀기 위해서는 이성계가 조선을 건국한 당시로 거슬러 올라가야 한다.

태조 이성계는 고려 말 어느 산중에서 수도를 하며 나중에 왕이 되면 그 산을 온통 비단으로 덮겠노라고 공언했다. 그런데 정작 왕이 되자 도무지 그렇게 할 방법이 없었다. 그래서 궁여지책으로 그 산 이름을 '비단 금(錦)'자를 써서 '금산'으로 바꿨고 그 산이 지금의 금산이라 전한다. 또한 이성계가 그 산을 비단으로 두르려 할 때 어떤 신하가 나서서 비단은 오래가지 못하니 '금산(錦山)'이라는 영원불멸의 글자를 내릴 것을 청했다는 얘기도 전한다.

비단은 세상에서 가장 귀한 천이다. 그 귀한 것으로 온 산을 덮겠다는 장담은 참으로 실없어 보이지만, 한편으로는 그만한 배포도 없이 나라를 세우는 큰일을 해낼 턱도 없다. 꼭 큰일을 하지 않을 사람이더라도 젊은 시절 큰소리치며 호기 한번 부려 보지 않은 사람이 과연 몇이나 될까 싶다.

그러나 그런 사람들도 시간이 흐르면서 기운이 한풀 꺾이고 한숨이 늘어간다. 바로 그 순간 '비단산'은 큰 효험이 있다. 어차피 비단으로 두를 수 없는 것이 현실이라면 이름이라도 그렇게 부르는 것이 차선인 까닭이요, 사실은 한낱 천 조각인 비단보다 영원불멸의 '비단산'이라는 이름이 훨씬 더 고결하기 때문이다. 전원의 저택을 꿈꾸다가 도시의 변두리에서 텃밭을 일구든, 굴지의 재벌을 꿈꾸다가 '부자상회'라는 구멍가게의 주인이 되든 그것이 마냥 쓸쓸하지만은 않은 것은 현실 속에서 자기만의 방식으로 꿈을 이룬 까닭이다.

옛날에 이성계 같은 사람이 또 있었던지 온 세상을 소가죽으로 덧씌워 그 위를 걷고 싶어 하는 사람이 있었다. 그는 자신의 능력이 닿는 한 열심히 소가죽을 구해서 땅을 덮어 보았지만 그것이 불가능한 꿈임을 그리 오래지 않아 깨달았다.

그래도 포기할 수 없던 그는 한참을 궁리한 끝에 참으로 절묘한 대책을 하나 마련했다. 소가죽을 오려 가죽신을 만들어 신었던 것이다. 온 세상을 바꾸지 않고도 제 발 하나에 가죽신을 덧씌워 같은 효과를 누렸으니 가히 묘책 중의 묘책이다. 하기야 어떤 사람은 지구를 들고 다니기 어려워서 물구나무서기로 걸어 다닌다고도 하니 그 정도는 약과일까.

하루는 회사 업무에 줄곧 스트레스를 받던 젊은 친구 하나가 문자메시지를 보내왔다.

"교수님, 회사 끝나고 스윙 모임에 갑니다."

대체 무슨 말인지 모를 소리였지만 나중에 알고 보니 스윙이라는 춤을 추는 모임에 나간다는 말이었다. 그의 말로는 춤을 추다 보면 머릿속에 있는 걱정을 모두 잊는다고 했다. 세상에 태어나서 가장 잘한 일 중 하나가 스윙을 배운 것이라고 하니 좋기는 참 좋은 모양이다. 세상을 다 짊어지고 갈 수 없을 바에야 그렇게 세상을 내려놓고 춤을 추는 것도 한 방법이겠다.

온 산을 비단으로 덮고, 온 천지를 가죽으로 씌우면 또 무엇 할 것인가. 단풍으로 물든 가을 산을 제대로 즐길 줄 안다면 그게 바로 비단산이고, 질 좋은 가죽신 한 켤레만 있으면 온 세상이 곧 가죽 천지다. 또 춤만 추어도 세상살이가 가볍다는데 무겁게 들고 갈 것은 또 뭐가 있을까?

이덕무는 이렇게 말했다.

"일이 뜻대로 되어도 그대로 넘기고 뜻대로 되지 않아도 그대로 넘길 뿐인데 다만 거기에는 거슬러 넘기는 것과 순하게 넘기는 것이 있다."

그러니 우리도 눈앞의 일들이 뜻대로 되든 되지 않든 그대로 넘기고 볼 일이다. 또 이왕 넘길 것이라면 순하게 넘기면 더 좋고.

있지도 않은 사촌 덕분에

피천득 선생의 수필 중에 〈반사적 광영(反射的 光榮)〉이라는 작품이 있다. 달이 태양의 빛을 받아 비치듯 사람들의 삶도 얼마간 그렇다는 내용인데 "사람은 저 잘난 맛에 산다지만 사실 대부분의 사람들은 남 잘난 맛에 사는 것"이라는 대목에서 마음 한편이 아려왔다. 거기에 따르면 반사적 광영이 없다면 사는 기쁨은 절반이나 감소된다고 한다. 나처럼 집안에 자랑할 만한 인물이 없어서야 참으로 민망한 일이다. 사돈의 팔촌까지 동원하더라도 그럴듯한 인물이나 이름깨나 알려진 명사가 떠오르지 않으니 반사적 광영 또한 기대할 게 없는 것이다.

그러나 다음의 옛이야기를 보면 집안에 내세울만한 인물이 없다고 해서 그리 기죽을 일도, 남 잘난 맛에 살지 못할 이유도 없다. 없으면 없는 대로 또 광영을 누릴 수 있는 방법이 있으니 말이다.

옛날, 어느 산골에 퇴락한 양반이 살았다. 양반이라고 해봐야 재산도 없고 과거에 급제한 것도 아니어서 오로지 허울뿐이었다. 그런 남편을 아내는 지성으로 섬겨 주니 불행 중 다행이었다. 허나 그 착한 아내에게도 한 가지 불만은 있었다. 조실부모한 남편이었지만 사는 동안 단 한 명의 친척조차 찾아오지 않는다는 점이었다.

"당신은 일가친척이 전혀 없어요? 사람 사는 집에는 손님이 찾아와야 하는 법인데 여러 해 동안 피붙이 하나 찾아오는 일이 없으니 참 이상해요."

남편은 아내 보기가 민망했다. 가족도 친지도 없이 혈혈단신 외롭게 사는 처지였지만 속 시원히 털어놓자니 아내가 실망할 게 가슴 아팠다. 그래서 아무 이름이나 둘러대며 이렇게 일렀다.

"왜 없겠소? 박문수라는 분이 내 사촌형이오. 지금은 한양에서 공부하느라 그렇지만 과거에 급제하여 벼슬하고 여유가 생기면 꼭 한 번 찾아올 것이오."

아내의 얼굴에는 금세 화색이 돌았다. 그리고 그 다음날부터 새벽마다 정화수를 떠놓고는 정성껏 기도를 올렸다.

"천지신명이시여, 사촌 시숙 박문수 어른께서 빨리 과거에 급제하여 훌륭한 분이 되도록 비옵니다."

비가 오나 눈이 오나 그 기도는 그치지 않았다. 무슨 종교의식이라도 그렇게 지극 정성으로 할 수는 없을 것 같았다. 그렇게 시작한 일이 일 년을 지나고 또 일 년이 지나면서 어느덧 십 년이 되었다.

어느 날, 어떤 과객 하나가 인근 주막에서 묵고는 새벽 일찍 길을 가다 그 집 문앞에서 기도하는 광경을 보았다. 그런데 가만 보니 기도를 올리는 여인이 자꾸만 '박문수'를 외는 것이 아닌가. 그는 그 집에 들어가 아침식사를 청했다.

"제가 먼 길을 떠나는데 밥을 못 먹었습니다. 죄송하지만 혹시 밥 한 끼 얻어먹을 수 있을까요?"

마음씨 좋은 아내는 손님을 집으로 모셨다. 이리하여 두 남자가 겸상으로 아침 식사를 하게 되었다. 식사를 하던 중에 과객이 남편에게 물었다.

"아까 아주머니께서 기도를 하시며 자꾸 누구 이름을 외던데 그 분이 누굽니까?"

남편은 한숨을 푹 쉬며 자초지종을 이야기했다. 그러자 과객은 깜짝 놀랐다.

"이럴 수가! 내 이름이 바로 박문수입니다. 내가 과거에 급제한 것이 조상님 은덕인 줄만 알았더니 바로 이 아주머니 덕이었군요. 마침 성도 같은 박씨이고 내가 나이가 좀 많은 것 같으니, 이참에 의형제를 맺으면 어떻겠습니까?"

"아, 그게 정말입니까. 외롭게 사는 저에게 이렇게 훌륭한 형님이 생긴다면 더없이 고마울 따름이지요."

마침 숭늉을 뜨러 갔던 아내가 방에 들어서자 과객은 호들갑을 떨었다.

"아이고, 너희 집이 이쯤 어딘가라고 들었는데 바로 여기였구나. 하도 오랜만에 만나서 내가 사촌 얼굴도 몰라보았다."

"형님, 이제라도 만났으니 얼마나 좋습니까? 과거에 급제까지 하시고 정말 가문의 영광입니다."

둘은 그렇게 한바탕 난리를 쳤다.

아내는 자신이 십 년 동안 하루도 빼먹지 않고 치성 드린 마음이 드디어 빛을 보았구나 싶어 한없이 기뻤다.

그때 박문수는 마침 암행어사가 되어 그 고을을 순회하는 중이었다. 그는 관아로 돌아가서 임무를 수행하며 자기 사촌 동생이 이 고을에 있다는 말을 슬쩍 흘렸다. 그러자 아전들은 어사또의 사촌 동생이 누구인지 알아내기 위해 동분서주했다.

그 뒤에 일어난 일이야 물으나 마나다. 부부는 있지도 않은 사촌 덕분에 어깨에 힘깨나 주고 살았을 게다. 그러나 가만 보면 진짜 덕을 본 사람은 박문수가 아닐까 한다. 그 역시 있지도 않은 사촌 덕분에 과거에 급제하지 않았는가. 하늘에 치성을 드린다고 과거에 급제하느냐는 논리를 들이민다면 어쩔 수 없지만 우주여행을 하고 남극에 기지를 세워 연구를 하는 오늘날에도 자식의 수능시험을 위해 백일기도를 올리는 게 우리네 현실이다. 누군가가 나 잘 되라고 정성으로 기원한다는데 그 도움이 어찌 귀하지 않을까.

몇 년 전, 대입 논술 문제 출제위원을 맡은 적이 있다. 호텔에 감금된 채 문제를 만들어야 했는데 가져간 책들을 열심히 들여다봐도 뾰족한 수가 떠오르지 않았다. 더구나 외부와 연락할 수 있는 방법도 없으니 여간 답답한 게 아니었다. 마감 시간이 임박해지자 입은 더욱 바짝바짝 타들어갔다. 그때 한결 여유 있어 보이던 선배 교수 한 분이 이렇게 말씀하셨다.

"이 교수, 없는 글도 지어내는데 있는 글에서 문제 내는 걸 가지고 왜 그렇게 고민해?"

그분 입장에서는 그럴 것이다. 그분은 문학상까지 받은 현직 소설가였으니 없는 글을 짓는 것에 비해 있는 글에서 문제 내는 것은 식은 죽 먹기였을 것이다. 없으면 가난하고 있으면 부자가 아니라, 지금 당장은 부족하더라도 무언가를 만들 수 있으면 부자고, 지금 당장은 차고 넘치더라도 새롭게 만들어낼 수 없으면 가난한 것이 아닐까 한다.

"소도 언덕이 있어야 비빈다"라는 말처럼 제아무리 영리한 소라도 없는 언덕을 만들어낼 수는 없다. 그러나 사람은 다르다. 사방팔방 둘러봐서 비빌 언덕이 없으면 내가 나서서 언덕을 만들면 된다. 그 또한 힘들다면 내가 누군가의 언덕이 되는 방법도 있다. 비록 나는 반사적 광영을 못 누렸지만 누군가 나로 인해 반사적 광영을 누린다면 그것만큼 의미 있는 일이 또 있을까.

나의 외할머니께서는 병약하게 태어난 내가 백일이 되었을 무렵, 튼튼하게 오래오래 살 수 있도록 정화수를 떠놓고 매일같이 기도하셨단다. 또 어머니께서는 내가 중학교에 다닐 무렵, 메리야스에 '福(복)'자를 수놓아 입히셨다. 누군들 그런 정성을 입지 않고 살아왔겠는가. 지금도 어딘가에서 이 못난 나를 위해 두 손을 맞대고 기도하는 사람들이 있을지 모른다. 그 손이 부끄러워지지 않게 인생의 남은 걸음을 힘차게 내디뎌야겠다. 그 손들을 기억하는 한, 우리는 그 누구도 가난하지 않다.

염라대왕도 못할 일

옛날, 선비 셋이 모여 과거 공부를 했다. 그러나 마침 방춘 호시절이라 셋은 술을 진탕 먹고 곯아떨어졌다. 그게 바로 사단이었는데 저승사자가 이승에 내려와 저승으로 데려갈 사람을 물색하던 중, 이 선비들을 본 것이다. 그날따라 인원 수를 다 채울 수 없던 차였다. '옳지, 저 녀석들을 데려가면 되겠다!'

저승사자는 궁여지책으로 그 세 명을 저승으로 데려갔다. 그러나 엄연히 저승에도 법도가 있는 법, 명부에도 없는 사람을 데려왔으니 염라대왕 입장이 참 난처했다. 이참에 선비들은 떼를 썼다. 이승으로 돌아간다 한들 장사까지 치른 후라 혼을 붙이고 살 몸이 없으니 자기들이 원하는 집에 다시 태어나게 해달라고 조른 것이다.

"그래, 만약 다시 태어난다면 세상에 어떤 뜻을 펼치고 싶으냐?"

염라대왕은 애써 세 선비에게 각자 뜻을 말해 보라고 했다.

첫 번째 선비는 무반의 가문에 태어나 대장군 벼슬을 하며 세상을 호령하고 싶다고 했다. 두 번째 선비는 명문 재상가에 태어나 글솜씨를 뽐내면서 온갖 좋은 벼슬을 하고 싶다고 했다.

염라대왕은 두말없이 시행하도록 조처했다. 그러나 문제는 세 번째 선비였다.

"저는 그저 좋은 집안에 태어나 효도하고 공부하다가 초가집이나 한 칸 지어 놓고 속세를 피해 살고 싶습니다. 그렇게 화목한 집안을 이끌다가 천수를 다 누리고 죽는다면 여한이 없겠습니다."

그러나 말이 떨어지기가 무섭게 염라대왕은 불호령을 내렸다.

"이 욕심 많고 무거불측(無據不測, 근거가 없어 헤아리기 어려움, 곧 그만큼 행동이 거칠고 못되었다는 뜻)한 놈아! 성인군자도 하지 못한 일을 하겠다니 그 일이 맘대로 된다면 내가 염라대왕 떼놓고 당장하겠다."

조선 시대의 한글 단편소설 모음집인 《삼설기》의 〈삼사횡입황천기〉에 나오는 옛이야기인데 참 뜻밖이다. 아무리 보아도 앞의 두 선비 소원이 훨씬 어려울 것 같은데 염라대왕은 세 번째 선비를 나무라고 있지 않은가. 대학교 2학년 때 이 이야기를 처음 배웠는데 그

때 교수님께서는 청복(淸福)을 가장 귀하게 여기던 우리나라 전통의 행복관에 대해 말씀해 주셨다.

사반세기가 흐른 지금은 정말 어느 쪽이 더 뜻을 이루기 어려운 소원인지 선뜻 판단이 서지 않는다. 더구나 요즘같이 '물신'에 '지름신'까지 모시고 사는 우리에게 과연 그런 행복관이 여전히 유효한지 누가 장담할 수 있을까. 그러나 한 가지 확실한 것은 세 번째 선비의 그 삶은 지금 당장 이룰 수 있다는 사실이다.

누군가가 어떤 사람에게 물었단다.

"왜 그렇게 열심히 일하세요?"

"노후에 편안히 살려고요."

"은퇴하신 뒤에는 무얼 하실 건데요?"

"교외에 집을 장만해서 책이나 읽으며 지내려고요."

그러자 그는 이렇게 일갈했단다.

"그런 일이라면 지금도 당장 할 수 있을 텐데요?"

어느 책에선가 이 구절을 읽으며 무릎을 쳤던 기억이 난다. 당장 할 수 있는 일도 어렵다고 생각하며 스스로 포기하는, 없는 가난을 일부러 만들어가며 살고 있는 것은 아닌지 정신이 번쩍 든 것이다.

아, 염라대왕도 못하는 세상에서 가장 이루기 어렵다는 그 일이 그나마 내가 할 수 있는 유일한 일이라니 불행 중 다행이다. 공연히 먼 훗날 신선놀음이라도 할 것처럼 폼 잡지 말고 정말 가고 싶은 산이 그 산이라면 가면 된다. 지금 당장!

물결 여덟

돌고 도는 이치

가장 멋진 노후 준비
묵은 빛과 새 빛
두 가지 유언
거위 한 마리 살리려고
내 고결한 몸으로
누군가의 성장을 돕는 일
그것이 바로 돌고 도는 이치

가장 멋진 노후 준비

옛날, 그 무엇 하나 부족한 것이 없는 부자가 살았다. 그러나 행복이 지나치면 오히려 불안해지는 터, 닥치지도 않은 불행을 미리 걱정하던 부자는 급기야 용하다는 점쟁이를 찾아갔다. 그런데 점쟁이는 점괘를 보더니 이렇게 말했다.

"쯧쯧, 안 됐소만 50세가 되면 죽을 운명이라오."

부자는 순간 눈앞이 캄캄해졌다. '역시 내 불길한 예감이 맞았구나!' 50세라면 이제 몇 년밖에 남지 않은 상황이었다.

그 후로 시간은 왜 그리도 빨리 흐르던지, 부자는 하루하루를 악몽처럼 보냈고 어느새 50세를 맞았다. 평소 그 부자만큼 행복한 사람은 없을 거라며 입을 모으던 이웃 사람들은 점점 표정이 어두워

지고 쇠약해져가는 부자를 이상하게 여겼다.

부자는 자신이 쥐고 있는 모든 것이 부질없어 보였다. '어차피 올해 안에 죽을 텐데…'라는 생각이 한순간도 머릿속에서 떠나지 않았다. 급기야 '이 많은 재산이 다 무슨 소용이야?'라는 생각에 자신의 재산을 주위 사람들에게 퍼주기 시작했다.

그리하여 마침내 그는 알거지가 되었다. 그런데 어쩐 일인지 그해가 다 가도록 죽지 않는 것이었다. 그는 너무 화가 나서 그때 그 점쟁이를 다시 찾아갔다.

"이보쇼, 50세가 되면 죽는다고 하더니 왜 내가 멀쩡하게 살아 있는 거요?"

점쟁이는 고개를 갸우뚱하며 물었다.

"혹시 좋은 일을 하셨소?"

그는 잠시 생각하더니 짚이는 게 있는 듯 말했다.

"올해 죽을 줄 알고 내가 가진 재산을 남들에게 다 퍼주었다오."

점쟁이는 무릎을 탁 쳤다.

"댁이 남들에게 적선을 하여 명이 늘어났소."

인생의 정오를 지난 사람은 누구나 저녁을 준비해야 한다. 오후의 한가로움이 언제까지나 계속될 수만은 없기 때문이다. 저녁이

지나면 곧 두려움이 엄습하는 밤이 온다. 그러니 그때를 대비하여 무언가를 자꾸 쌓아 두고 싶은 것이 인지상정이다. 날이 저물수록 조급증이 나는 까닭이다. 이야기 속의 주인공이 부자로 살면서도 미래에 대해 불안해하는 이유가 바로 여기에 있다.

그러나 해가 중천을 지나 서녘으로 기울기 시작하면 악착같이 끌어모을 시간만 줄어드는 것이 아니다. 실은 그동안 모아 둔 것을 풀고 나눌 시간 역시 줄어든다. 젊은 시절에는 돈 쓸 줄 모르면 건실하다는 말이라도 듣지만 중년을 지나서도 여전히 그렇게 지낸다면 인색한 사람이라는 말을 들을 수밖에 없다.

이 옛이야기대로라면, 제 몫으로 치부했던 것을 남들에게 풀어 놓을 때 죽을 운명에서 벗어날 길이 생긴다. 젊은 사람들이 어디선가 튀어 나온 수호천사 같은 은인에 의해 불행을 넘어선다면 중년부터는 '제가 모아 둔 것'으로 넘어서야만 한다. 사리가 그렇다면 젊은 사람은 부지런히 모으고 나이 든 사람들은 돈이건 재주건 부지런히 쓰는 게 옳지 않을까 싶다. 인생의 중반을 넘어서면 돌봐야 할 사람이 집안에만 있는 것은 아니기 때문이다.

나이가 들수록 노후를 걱정하는 목소리가 높다. 평균 수명 80을 우습게 아는 시대건만 50세 안팎에서 직장생활을 정리하는 사회 분

위기 탓에 암울해하는 사람들이 많다. 그러나 걸어온 길을 되돌아보면 그런 걱정은 참으로 안쓰럽다. 학교 다닐 때는 취직을 못할까 봐 걱정하고 취직해서는 퇴직 후를 걱정한다면 평생 걱정에서 벗어날 일이 없겠다. 그러니 가장 현명한 자세는 먼 미래에 대한 걱정은 걱정대로 하더라도 지금 현재에 더욱 충실한 것이다. 늙은 후의 '노후(老後)'를 걱정하는 그 에너지를 떼어다가 늙어가는 중의 '노중(老中)'을 알차게 보내는 데 쏟으면 어떨까.

몇 년 전, 어느 잡지에서 노후 대책에 관한 특집 기사를 다룬 적이 있었다. 대부분의 사람들은 통장 개수를 늘리거나 연금과 펀드 상품을 활용하여 노후에 대한 대비책을 마련하는 것에 골몰하고 있었다. 그러는 가운데 눈에 번쩍 띄는 노후를 준비하는 의사가 있었다. 그는 60이 넘으면 캠핑 차 같은 것을 하나 구해서 간호사 한 명과 함께 병원이 부족한 지역에 무료 진료를 다니려 한다고 했다. 모아 둔 돈으로 제 한 몸 편히 살겠다는 생각이 아니라 그간 쌓아 둔 경험을 사회에 베풀어 보겠다는 생각에 머리가 절로 숙여졌다.

톨스토이의 명언 하나가 번뜩 머릿속을 스치고 지나간다.

"부(富)는 분뇨와 같이 쌓여 있을 때는 악취를 풍기고 뿌려졌을 때는 땅을 기름지게 한다."

나 역시 베풀 시간이 많이 줄어들고 있음을 깨닫고 지금부터라도 멋진 노후 준비를 해나가야겠다.

묵은 빚과 새 빚

언젠가 친한 교수 한 분이 이런 말씀을 하셨다.

"세상에서 제일 쓸쓸한 건 부모가 자식들에게 반면교사(反面敎師)가 되는 겁니다."

듣고 보니 정말 그런 것 같았다. 부모라면 자식의 역할 모델은 못 되더라도 반면교사가 되어서는 안 될 노릇이다. 그러나 간혹 혈기 왕성한 자식들이 진저리를 치며 부모처럼은 살지 않겠다고 말하는 경우를 볼 때가 있다. 그래도 다행인 것이 그랬던 그들도 나이가 들수록 부모에 대한 생각이 바뀌어간다는 것이다. 아버지처럼 살지 않겠다며 집을 뛰쳐나왔던 사람도 아버지처럼 살기도 쉽지 않다며 한숨을 내쉬고, 어머니의 궁상이 싫다며 머리를 흔들던 딸도 없는 형편에 그만큼 살림을 잘 꾸려나간 어머니의 솜씨가 경이롭게 느껴지는 순간이 오는 것이다.

그러나 그런 회한이 올 때는 이미 부모님이 돌아가셨거나 그 관계를 돌이키기 어려운 경우가 많다. 또 한편으로는 이젠 내가 부모 입장이 되어 커져가는 자식 문제를 걱정하느라 힘에 부치기도 한다. 시간을 거꾸로 돌려 부모님께 다시 잘해 드릴 수도 없고 그렇다고 앞으로 난 길 역시 맘 편히 내달릴 수 없으니 어찌 괴롭지 않을까.

옛날, 미행(微行, 신분이 높은 사람이 지위를 숨기기 위해 일부러 남루한 복장을 하고 돌아다니는 일)을 좋아하는 임금이 있었다. 그는 백성들의 삶이 궁금하여 수시로 궁궐 밖을 나갔고 곳곳을 살피며 많은 것을 배우고 깨달음을 얻곤 했다.

그날도 임금은 신하 몇 사람을 데리고 함께 미행을 하는 중이었다. 모두 잠이 들 만한 한밤중이었지만 어느 한 집에만 불이 훤히 켜져 있었다. 임금은 조심스럽게 그 집을 들여다보았다.

어떤 사내가 열심히 짚으로 신을 삼고 있는 중이었다. 임금은 그 연유가 궁금하여 도무지 참을 수가 없었다. 그래서 신하들의 만류에도 불구하고 인기척을 하며 사내에게 말을 걸었다.

"흠… 저는 길 가는 과객이오만 이 늦은 시각에 어인 일로 자지도 않고 일을 하시오?"

그러자 그 사내는 계속 신을 삼으면서 대답했다.

"묵은 빚을 갚고, 이제 새 빚을 놓으려고 그러지요."

임금은 도무지 이해가 되지 않았다. 묵은 빚을 갚느라 힘이 들었다면 이제 좀 쉬고 싶을 텐데, 새 빚을 놓으려고 또 그렇게 아등바등 일을 한다는 것이 말이다.

"아니, 그게 대체 무슨 소리요?"

"아, 지금까지 일해서 부모님을 봉양했으니 그것이 묵은 빚을 갚은 것이고, 이제부터 일해서 아이들을 먹여 살리는 것이 새 빚을 놓는 것이지요. 열심히 키워 놓으면 그 녀석들이 나중에 또 나를 봉양할 테니 지금 내가 그 녀석들에게 빚을 주려고 이러는 거라오."

임금은 그 말에 경탄했고, 궁궐로 돌아가서 그 사내에게 큰 상을 내렸다.

부모와 자식 간이라는 신성한 영역에 '빚'을 운운하는 게 좀 개운치 않지만 부모의 은공을 반드시 갚아야 할 채무로 생각하는 마음만큼은 높이 살만하다. 부모가 아니었다면 좋으나 싫으나 세상 구경도 못해 보았을 테니 빚을 져도 단단히 진 셈이다. 그러나 살다 보

면 혹은 살기에 바빠서 은행에 갚아야할 빚은 잊지 않아도 세상살이를 가능하게 한 그 원천적인 빚에 대해서는 까맣게 잊는 경우가 많다.

이 옛이야기에서 임금이 사내에게 큰 상을 내렸다는 대목을 곰곰 생각해 본다. 예전의 임금은 나라님이었다. 임금이 곧 나라이니 임금이 내리는 상이라면 나라가 주는 큰 상인데 대체 이 사람이 무슨 대단한 큰일을 했다는 것일까. 그러나 좀 더 면밀히 이야기를 들여다보면 그 안에 담긴 현실은 참혹하다. 이야기의 주인공은 '묵은 빚'을 갚느라 종일 시간을 쓰고 나니 '새 빚' 놓을 여유가 없는 사람이다. 그래서 남들이 다 자는 시간까지 일을 하기에 여념이 없는 것이고 그 점을 갸륵하게 여겨 임금이 상을 내린 것이다.

대체로 부모와 자식, 즉 위아래로 다 잘하기는 참 어렵다. 소문난 효자는 자식에게 소홀한 경우가 많고, 자식에게 지성인 사람은 부모에게 소홀한 경우가 많다. 그 사람의 심성이 바르지 않거나 능력이 부족해서 그런 게 아니라 현실이 그럴 수밖에 없는 까닭이다.

부모님께 비싼 보약을 척척 해드리는 효자 친구를 보면 없는 돈을 쪼개느라 나름대로 힘이 드는 눈치고, 반대로 넉넉잖은 형편에 자식을 조기유학 보낸 친구를 봐도 힘들기는 마찬가지다. 돈이야 운이 좋아 많을 수도 있겠지만 에너지와 시간은 누구에게나 한정되어 있기 때문에 아주 예외적인 경우가 아니라면 둘 모두에게 충실하기가 실로 어렵다. 그러므로 그 두 가지 역할을 모두 잘하기 위해서는 주인공처럼 잠이라도 줄이는 노고를 감수해야 한다.

그러나 이 이야기의 주인공에게서는 왠지 신바람 소리가 들린다. '이런 고생을 해서 무엇 하나'라는 푸념은 없다. 그 대신 신 나게 묵은 빚을 갚고 또 신 나게 새 빚을 놓는다. 두 빚이 모두 자기 몫임을 아는 까닭이다. 자식 걱정 더느라 밤잠 못 주무셨을 부모의 노고를 되밟아야 하고, 또 비록 가난했지만 걱정 없이 지냈던 어린 시절을 자식에게 물려주어야 하기 때문이다. 게다가 잘만 하면 새 빚에서 오는 이자 수입 또한 쏠쏠하니 금상첨화다. 자식이 내게 무얼 해주어서가 아니라, 그 빚 덕에 자식이 나보다 잘 살게 되면 그 이상의 이자가 또 어디 있을까.

두 가지 유언

중국 춘추 시대 때의 일이다. 진(晋)나라의 위무자(魏武子)가 병이 들었는데 그에게는 젊고 아름다운 첩이 있었다. 자신이 죽은 뒤 그 첩이 걱정되던 위무자는 어느 날 아들을 불러 이렇게 일렀다.

"내가 죽으면 꼭 개가시키도록 해라."

그러나 정작 병세가 악화되어 위중한 지경에 빠지자 말이 달랐다.

"내가 죽거든 반드시 내 무덤에 같이 묻어라."

그렇게 결국 위무자는 죽었고, 아들은 아버지의 어떤 유언을 따라야 할지 몰라 난감했다. 한참을 고민하던 아들은 병이 위중하면 사람의 정신이 혼미해지는 법이니 아버지가 좀 더 맑은 정신일 때 하신 말씀을 따르는 편이 좋을 것 같다는 결론을 내렸다.

그 후, 진나라에는 전쟁이 일어나 위무자의 아들이 장수로 출전하게 되었다. 그러나 그의 군대는 열세에 몰려 빠져나갈 길이 없었다. 이때 어떤 노인이 적이 가는 길 앞에 풀을 엮어 놓아 적장이 넘어졌고, 위무자의 아들은 그 바람에 적장을 잡을 수 있었다.

그날 밤 위무자 아들의 꿈에 한 노인이 나타났다.

"당신 아버지의 젊은 첩이 바로 내 딸이라오. 당신 덕분에 내 딸이 목숨을 구했고 개가하여 잘 살게 되었소. 그 은혜에 보답하고자 적이 가는 길에 풀을 엮었는데 일이 잘되어 참 다행이오."

이 옛이야기를 듣는 순간 '결초보은(結草報恩)'이란 고사성어가 떠올랐을 것이다. 흔히 사람들은 그 말을 "풀을 엮어서 은혜를 갚는다"는 정도로만 알고 있지 이러한 내용의 전말은 잘 알지 못한다.

나는 이 고사를 통해 딸의 목숨을 살려 준 사람에게 은혜를 갚는 아버지의 갸륵한 마음이 아닌 웃어른 모시기의 어려움에 대해 얘기하려 한다. 결초보은과 웃어른 모시기가 무슨 관련이 있을까 싶지만 내용을 잘 살펴보면 보통 사람들이 절감할 만한 부분이 분명 있다.

연로하신 어른을 모시기란 쉬운 일이 아니다. 살아온 연륜만큼 흔들림이 없을 것도 같은데 사실은 그때그때 기분이 다르고 반응도 다른 경우가 많기 때문이다. 언제고 변함없이 당신의 뜻을 전해 준다면 자식 입장에서 그보다 고마울 게 없지만 마음이 갈팡질팡할 때는 자식으로서 어떻게 대처해야 할지 참으로 어렵다.

그러나 마음이 흔들려 말을 바꾸는 일이 꼭 노인이기 때문에 일어나는 것은 아니다. '일구이언은 이부지자'라며 한 입으로 두말하는 것을 무슨 반역죄라도 저지른 듯 매도하는 사람도 가만 보면 그럴 때가 있다. 세상살이가 그렇기 때문이다.

이야기에 나오는 위무자의 뜻은 과연 어느 쪽이었을까? 위무자의 두말을 어떻게 가려듣느냐에 따라 결과가 아주 달라진다. 아무리 권세가 좋아 어린 첩을 두었더라도 죽음을 앞두고 있는 처지에 젊은 사람의 인생을 망치는 데에 어찌 미안함이 없을까. 사랑하는 마음이 깊을수록 미안함도 클 것이다. 그러므로 아버지는 병이 깊어지기 전부터 첩을 걱정하여 개가시킬 것을 아들에게 미리 당부해 둔 것이다. 반면 죽기 직전 첩을 순장시키라고 한 것은 아버지의 본심이라 보기 어렵다. 심신이 혼미해진 상태에서 본능에 따라 한 말이기 때문이다. 지혜로운 아들은 다행히 아버지의 본심을 잘 파악했고 그 결과 큰 보답을 받았다.

세상살이가 늘 이렇게 아름답다면 얼마나 좋을까만 문제는 그 반대의 경우도 왕왕 있다는 사실이다. 세상에는 누군가 두말을 했을 경우 그릇된 쪽으로 가려듣는 사람도 적지 않다. 또한 자기에게 유리한 쪽으로만 끌어오는 아전인수가 심심찮게 등장한다. 권세깨나 있는 사람의 주변에서 "이건 내 뜻이 아니고 어르신의 뜻인데…" 하면서 제 잇속을 드러내곤 한다.

이야기에서 만약 아들이 젊은 첩을 아버지의 무덤에 같이 묻으라는 두 번째 유언을 따랐다면 그 책임은 두말을 한 아버지보다 그 말을 가려듣지 못한 아들에게 돌아갈 것이다. 이처럼 누군가 머리끝까지 화가 치솟아서 입에 담지 못할 말을 했을 때나 뜻하지 않게 술에 취하여 실언을 했을 때는 평소 그 사람의 행동과 소신에 비추어 가려듣고 새겨들어야 한다. 흔히 화가 난 상태에서는 감정에 치우치기 쉽고, 취중진담이라 말하지만 취중에 나오는 말은 대체로 '사실'일 뿐 '진실'에 이르지 못하는 경우가 많기 때문이다.

효도나 공경하는 마음 또한 따지고 보면 모두 바른 심성에서 비롯된다. 아버지의 유언을 방패 삼아 불쌍한 한 여인의 삶을 외면하는 순간 모든 것은 허사가 되고 말았을 것이다. 순수한 마음, 그것을 바탕으로 들으면 상대의 진심을 알 수 있다. 그리고 그것이 곧 인생의 알파고 오메가임을 새삼 깨닫는다.

거위 한 마리 살리려고

    누구라도 자신에게 쏟아지는 모욕을 묵묵히 견뎌내기는 어렵다. 더구나 잘못한 것이 전혀 없음에도 모욕을 당한다면 그 억울함은 말로 다할 수 없다. 만약 이런 상황일 때 젊은 사람들은 무조건 참기보다 왕성한 혈기를 앞세워 상대에게 되받아치는 경우가 많다. '죽으면 죽었지 이런 꼴을 당하고는 못 산다!' 하며 내가 당한 모욕만큼 되갚아 주는 것이다.

    그러나 나이가 들면 어떨까? 웬만해서는 참으려고 애쓰지 않을까 싶다. 나부터 그런 편이니 말이다. 사노라면 이러저러한 문제가 생길 수 있고, 생기는 문제마다 모두 응대했다가는 더 어려운 국면에 빠질 수도 있다는 것을 알기에 일단 한걸음 뒤로 물러서서 생각해 보게 된다. 게다가 솔직히 기운도 달려 나를 모욕하는 상대와 대차게 맞붙을 자신도 없다. 마음은 부글부글 끓고 당장이라도 상대에게 본때를 보여 주고 싶지만 '일을 더 크게 만들지 말자'라는 마음으로 스스로를 다독인다.

물론 같은 상황에서 대응하는 법은 사람마다 다를 수 있지만 젊으나 나이를 먹으나 모욕을 당하면 어떻게든 되갚아 주고 싶은 것은 매한가지다. 그것을 참아내기 위해서는 단단히 마음을 먹어야 하고 그 과정에서 때로는 마음이 상하기도 한다.

우리 옛이야기 중에도 모욕을 참는 한 선비의 이야기가 있는데 모욕을 참는 행위가 그저 비굴하고, 약하게 그려지는 것이 아니라 참으로 지혜로워 보인다.

옛날, 어떤 젊은 선비가 길을 떠나는 중이었다. 날이 저물어가자 어느 여관에 들러 묵기를 청했는데 그날따라 여관 사정이 여의치 않아 다른 곳을 알아봐야 했다. 그는 걸음을 옮기기 전 여관의 뜰에 앉아 잠시 쉬고 있었다.

그때 여관에서 심부름하는 아이 하나가 들고 있던 진주를 땅바닥에 떨어뜨렸다. 그런데 마침 뜰을 지나던 거위가 그것이 먹이인 줄 알고 잽싸게 집어삼켰다. 아주 순식간에 벌어진 일이었다.

아이는 손에 있던 진주가 눈 깜짝할 사이에 없어진 것을 알고 여관 주인에게 다급히 아뢰었다.

"주인어른의 진주를 들고 심부름을 가던 차에 진주가 없어진 것을 알았습니다. 분명 뜰을 지나기 전까지 손에 들고 있었습니다."

여관 주인은 혹시나 뜰에 흘리지 않았나 하고 바닥을 샅샅이 뒤져 보았지만 진주는 보이지 않았다. 그렇다고 평소 성실하고 착한 아이가 거짓말을 할 리도 없다고 생각했다.

그렇게 고민하던 중 뜰에 앉아 있는 젊은 선비가 눈에 들어왔다.

"여기 근처에 있던 사람이라고는 저 과객밖에 없으니 아무래도 저 사람이 도둑 같구나. 날이 밝으면 관가로 데려가 알아보아야겠으니 오늘 밤 저 사람이 도망가지 못하도록 꽁꽁 묶어 두어라."

아이는 밧줄을 가져다가 선비를 묶었다. 그리하여 선비는 졸지에 도둑 누명을 쓰고 뜰에 묶이는 신세가 되었다.

"멀쩡하게 생겨서 남의 진주를 훔치다니 지금이라도 솔직하게 말하고 용서를 구하는 게 낫지 않겠소? 내일이면 관가에서 더 험한 꼴을 당할 것이오!"

여관 주인의 말에 지나가는 사람들 또한 혀를 차며 손가락질을 해댔다. 그러나 선비는 뜰에 있는 거위가 진주 삼키는 모습을 봤음에도 불구하고 아무런 변명도 하지 않았다. 다만 여관 주인에게 한 가지 청을 했다.

"오늘 밤 저 거위를 제 옆에 매어 두셨으면 합니다."

여관 주인은 영문도 모른 채 선비가 원하는 대로 해주었다.

다음 날 아침, 선비 옆에 묶인 거위가 똥을 누었다. 여관 주인이 밖으로 나오자 선비는 거위의 똥을 손가락으로 가리켰다. 여관 주인은 무슨 일인가 싶어 거위의 똥을 들여다보니 동그란 콩 같은 것이 보이는 게 아닌가. 다름 아닌 잃어버린 진주였다.

여관 주인은 깜짝 놀라 선비에게 사죄했다.

"아이고, 죄송합니다. 그렇다면 이 일을 알고 계셨을 텐데 엊저녁에 어찌 말씀하지 않으셨습니까?"

선비는 대수롭지 않다는 듯 말했다.

"어제 이야기했으면 당장 거위의 배를 갈라 진주를 찾으려 하지 않았겠습니까?"

여러 야담집에 전하는 이 옛이야기는 조선 시대 초기의 문신인 윤회(尹淮, 1380~1436)의 일화로 알려져 있다. 야담의 속성에 비추어 실화인지 속단하기는 어렵지만 《해동명신록》 같은 곳에 소개되어 있는 것을 보면 윤회의 사람됨을 칭송하기 위해 동원된 이야기임에 틀림없다. 그만큼 주인공 선비의 관대함을 높이 샀던 것이다.

이야기 속에서 젊은 선비는 도둑으로 몰리지만 한마디 변명조차 하지 않는다. 자신의 잘못도 아니고, 참는다고 해서 어떤 사람의 목숨을 구하는 것도 아니었다. 그저 거위 목숨 하나 살리려고 사람들의 모욕을 참았고, 뜰에서 하룻밤을 보내는 고생을 자처했다. 그 결과 자신의 뜻대로 거위의 목숨을 구했음은 물론 그가 베푼 관대함의 효과는 단순히 거기에만 머물지 않는다. 이후 여관 주인은 함부로 사람을 의심하지 않았을 테고, 이 이야기가 여기저기 퍼지면서 많은 사람들에게 경각심과 함께 깊은 감동을 전했을 것이다. 마침내 미담의 주인공인 윤회가 얼마나 후덕하고 관대한 사람인지를 실증해 주는 자료로까지 쓰이게 되었으니 윤회 자신 또한 미담의 수혜자가 아닌가 한다.

오래전 이와는 상반되는 이웃나라의 이야기를 들은 적이 있다. 어떤 사내가 아이와 함께 여행을 하던 중에 아이가 남의 음식을 훔쳐 먹었다는 누명을 쓰게 됐다. 결백을 확신하던 그 사내는 아이의 배를 갈라 사실이 아님을 확인시킨 후, 누명 씌운 사람을 그 자리에서 죽여 버렸다. 너무도 끔찍한 이야기라 그런 일이 실제로 있을까 싶었는데 그 말을 전해 주시던 어른께서 그것으로 그 나라의 정직성을 이야기하신 걸로 보아 아주 없는 이야기도 아닌 듯하다.

사람들은 무슨 행동을 할 때 그럴듯한 명분을 내세우기 좋아한다. 뒤가 켕기는 일을 할 때면 더욱 그렇다. 거창하게는 인류의 평화와 번영을 위해, 작게는 나라의 안녕과 질서를 위해 저마다 소견을 표명한다. 그러나 그 소견 뒤에 따라오는 행동은 대체로 누군가의 희생을 강요하고 또 다른 이가 피해를 감수해야 하는 경우가 많다.

아무것도 내세우지 않더라도, 내 한 몸이 하룻밤쯤의 불편을 감수하여 거위의 목숨을 구하고 다른 사람의 마음을 움직일 수 있다면 얼마나 좋을까. 마이더스의 손이 별것일까. 작게 베풀어서 크게 거둘 줄 아는 사람이라면 그가 바로 마이더스겠다.

내 고결한 몸으로

치약이 하나 있었다. 치약은 사람들이 자신을 찾을 때마다 으쓱해하며 자신의 희고 깨끗함에 푹 빠져 있었다. 하지만 그의 삶은 하루하루가 고역이었다. 누군가에게 쥐어짜져야만 하고, 늘 그 더럽고 냄새나는 잇속을 헤매야 하며, 끝내 거품으로 내뱉어져야 했기 때문이다.

치약은 분통이 터진 나머지 몰래 숨어 버리기로 했다. 그는 세면대를 떼굴떼굴 굴러 욕실의 어느 구석으로 종적을 감췄다. 그 후로 일 년 뒤에 치약이 다시 발견되었을 때는 이미 딱딱하게 굳어져서 못 쓰게 된 뒤였다.

치약은 별 수 없이 쓰레기통 속으로 처박히고 말았다.

중국의 어느 작가가 쓴 우화의 한 토막인데 읽는 순간 가슴이 저며 왔다. 아닌 게 아니라 한때 치약이 매우 귀하던 시절이 있었다. 어떤 이는 치약이 잼의 일종인 줄 알고 짜먹기도 했고, 또 어떤 이는 얼굴에 바르는 크림인 줄 알고 열심히 발라 보기도 했단다. 기껏해야 소금물로 양치하던 시절에 치약이 얼마나 귀한 물건이었을지 충분히 상상할 만하다. 그런데 그런 치약의 운명이란 냄새나는 남의 입속에 들어가서 오물과 함께 사라지는 것뿐이니 치약의 입장에서는 분통이 터질 만도 하다.

나는 왜 이렇게 뛰어난 재주를 가지고도 고작 요기에 머무는가 하는 회한에 잠길 때 인생은 비통함 그 자체다. 더구나 나보다 못한 사람들이 나보다 더 높은 곳에 있고 나는 그들의 뒷심부름 같은 일만 맡고 있다면 치약의 슬픈 운명이 내 삶과 포개지며 마음이 짠해질만도 하다. 그러나 내 고결한 몸이 아니고서는 더러움을 닦아낼 재간이 없음을 간파한다면 내가 맡은 역할이 결코 하찮다고만은 할 수 없겠다. 더러움을 더러움으로 씻어낼 수는 없기 때문이다.

미국의 홈쇼핑에서는 우리나라의 제법 큰 목공소에 가야 겨우 만날 법한 전문적인 공구를 판다. 동네 헌 책방에만 가도 가구 만들기 관련 책 코너가 한쪽에 따로 마련되어 있다. 인건비가 비싸고 땅이 넓은 탓에 누군가가 와서 그런 일을 대신 해주기 어려운 까닭이겠지만 굳은일도 제집 일은 자신이 직접 하는 자세가 몸에 배어 있기 때문이다. 한마디로 하찮은 일을 하는 하찮은 사람이 따로 있지 않은 것이다. 가히 선진국 국민다운 면모라는 생각이 들었다.

아무리 작고 사소한 일이더라도, 아무리 형편없어 보이는 일이더라도 "천하의 아무개가 이런 일을 하다니!"라는 울분 대신 "그래, 천하의 아무개니까 이 일을 해낸다"라는 자부심을 가졌으면 좋겠다. 그렇게 되면 언젠가는 그것을 발판으로 정말 천하의 대사를 도모할 날이 올지도 모른다. 설령 그런 날이 오지 않는다 해도 내 몸을 쓸 수 있는 동안이나마 좋은 일을 하며 닳아 없어진다면 그 또한 값진 일이라고 생각한다.

끝으로 자신이 해야 할 일을 억지로 하면서 대단한 희생으로 착각하는 사람이 있다면 다음의 명언을 권한다.

"희생이 너에게 슬픔이 되고 즐거움이 되지 않는다면 더 이상 희생할 필요가 없다. 너에게 그럴 자격이 없는 것이므로."

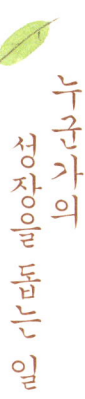

누군가의 성장을 돕는 일

옛날, 어느 마을에 큰 홍수가 나서 뱀과 사슴이 물에 떠내려왔다. 마침 그 광경을 보던 한 남자가 불쌍한 마음에 그들을 구해 주었다. 그런데 얼마 안 있어 집 한 채가 통째로 떠내려오는 게 아닌가. 지붕 위에서는 어떤 사람이 구해 달라고 다급히 손을 흔들었다.

"살려 주세요, 살려 주세요!"

물가에서 그 광경을 보던 사람은 미물도 살려 주었는데 사람을 살리지 않을 수 없다 생각하여 위험을 무릅쓰고 그 사람을 구해 주었다. 덕분에 그는 간신히 목숨을 건졌지만 집이 떠내려가는 바람에 오갈 데 없는 신세였다. 그를 딱하게 여긴 남자는 목숨을 구해 준 것에 그치지 않고 그를 자기 집으로 데려왔다. 그리고 얼마 뒤 자기

집 옆에 작은 집을 지어 그에게 새로운 거처를 마련해 주고 다시 잘 살 수 있도록 보살폈다.

그러던 어느 날, 남자가 산에 나무를 하러 갔다. 그런데 사슴 한 마리가 다가오더니 자꾸만 옷깃을 잡아당기는 것이 아닌가. 가만 보니 지난번 홍수가 났을 때 자신이 구해 준 사슴이었다. 남자는 이상한 일이다 싶어 사슴이 이끄는 대로 따라가 보았다. 사슴은 앞발로 땅을 두드렸다. 땅을 파 보라는 뜻 같았다. 그래서 땅을 파 보았더니 빛나는 금은보화가 가득 나왔다. '사슴이 은혜를 갚으려고 그랬구나!' 남자는 그 마음에 깊이 감동했고 그것을 가져다가 큰 부자가 되었다.

그런데 옆집에 사는 사람이 그 모습을 보고 샘이 났다. 급기야 자신의 생명을 구해 준 은인이라는 것도 잊은 채 그를 관가에 고발하기에 이르렀다.

"이 사람은 본래 가난했는데 부잣집을 털어서 하루아침에 부자가 되었습니다."

남자 입장에서는 참으로 기가 막힌 일이었다. 물심양면으로 도움을 준 사람한테 이런 배신을 당할 줄은 꿈에도 몰랐다. 관가에 끌려가서 자신이 부자가 된 사연을 아무리 설명해도 사람들은 믿지 않았고, 결국 남자는 옥에 갇히는 신세가 되고 말았다.

그렇게 하루하루 시간이 흐르던 어느 날, 관아에 변고가 일어났다. 큰 뱀 한 마리가 잠자는 사또의 발을 물고 도망간 것이다. 사또는 몸이 퉁퉁 붓고 기력도 많이 나빠졌지만 백약이 무효했다. 그런데 바로 그날 그 뱀은 옥에 갇힌 남자의 발도 물고 갔다. 그 역시 몸이 퉁퉁 부어 죽을 지경이었다.

그런데 다음 날 그 남자 곁에 뱀이 다시 나타나더니 나뭇잎 하나를 물어다 놓았다. 자세히 보니 그 뱀은 바로 지난번 홍수가 났을 때 자신이 구해 준 뱀이었다. 그가 그 나뭇잎을 상처에 갖다 대자 신기하게도 상처가 싹 나았다. 남자는 그 나뭇잎으로 사또 역시 구할 수 있었다. 그 것을 계기로 사또는 남자의 말을 믿어 주었고, 대신 그를 고발한 사람을 불러 엄중히 죄를 물었다.

주위 어른들에게서 "머리 까만 짐승은 도와주지 말라"라는 말을 종종 들었다. 모르긴 해도 누군가를 도와주고 된통 당했던 경험들이 있기 때문일 듯하다. 이 옛이야기 역시 그런 징글징글한 인간들 때문에 만들어졌을 것이다. 충청도 어느 지역에 가면 사람은 구하지 말라는 뜻에서 '人不救(인불구)' 석 자를 바위에 새겨 놓기까지 했다 하니 그 심정을 알만하다. 도움을 받을 때의 감사와 감동은 쉬 잊히고 도움을 거부했던 그 손길만 머릿속에 오래도록 각인되는 것만 보더라도 인불구 세 글자의 의미를 무시하기 어렵다.

그러나 우리는 불쌍한 사람은 응당 도와주어야 한다고 배웠다.

이 이야기처럼 누군가를 도와주었다가 되레 화를 입을 수도 있다면 대체 어느 쪽을 따라야 할까? 단언컨대, 어려운 사람은 도와야하는 게 맞다. 다만 이 이야기의 내용을 참조하여 단서를 달아둘 필요가 있다.

성숙이란 자신의 삶이 무르익게 하는 것이기도 하지만 실은 자신의 성장을 발판으로 남들이 성장할 수 있도록 돕는 것이기도 하다. 어쩌면 남들을 도와주는 것이야말로 성숙의 척도인 셈이다. 이는 거꾸로 말하자면 남들의 성장을 돕지 않는다면 참된 성숙이 아니라는 뜻인데 불행하게도 남을 돕는다고 한 일이 그만 그 사람을 도리어 망치게 만드는 경우도 있다.

이 이야기에서 남자는 홍수에 떠내려가는 사람의 목숨을 구해 주었다. 허나 그의 행동은 말처럼 쉬운 일이 아니다. 떠내려가는 사람을 구하다 자신이 죽을 수도 있음은 물론 옛날에는 일단 물난리가 나면 목숨을 구했다고 해도 한 해 농사를 다 망친 터라 누구든 먹고 살 길이 막막해진다. 이 와중에 남을 걱정하기란 무척 힘이 드는 것이다. 더구나 갈 곳 없는 사람을 위해 살 곳까지 마련해 주었으니 남자의 마음씨는 매우 갸륵하다.

그런데 문제는 바로 그런 지점에서 발생한다. 물에 빠진 사람 구해 주니 보따리 내놓으라는 말이 공연히 있는 게 아니다. 실제로 우리 주위에도 가만 살펴보면, 첫 번째 도움에는 감사를 표하다가도 두 번째 도움에는 덤덤해하며 세 번째 도움에는 서운해하는 일이 심심찮게 있다. 도움을 받는 사람이 그 도움을 당연하게 여기는 순간 그것은 더 이상 도움도 적선도 아닐 것이다.

이 이야기를 통해 성숙의 척도 역시 매우 간단하게 정리될 수 있겠다. 누군가의 성장을 돕더라도 적절한 정도를, 적절한 시기에, 적절한 방법으로 조절할 줄 알아야 하는 것이다. 그것은 부모와 자식 간은 물론 스승과 제자 등 모든 관계에 두루 통하는 이치다.

가령 노부모가 아들 내외 식구와 함께 외식을 한다고 치자. 다행히 부모의 재력이 넉넉해서 아들 며느리, 손자에게 맛있는 음식을 사 줄 수 있다면 행복한 일이다. 그러나 직장생활을 하는 아들 며느리가 부모 돈으로 식사를 마친 뒤 찻집에 가서도 "잘 먹겠습니다"라고 먼저 인사하며 생글거린다면 생각을 달리해야 하지 않을까.

스승과 제자 간에도 이는 마찬가지다. 제자가 무언가를 제 힘으로 해보려고 하는 찰나 그것이 안쓰러워서 스승이 돕고 나서는 것이나 제자가 스승의 도움 없이는 힘겨워 할 때조차 스승이 제자에게 독립심을 강요하며 모른 척하는 것 역시 다시 생각해 보아야 할 문제다. 이 경우는 너무 빠르거나 너무 늦은 것이 병통이다.

머리 까만 짐승이 여느 짐승과 다른 점은 도리를 안다는 것이다. 그러나 그 도움의 손길 덕에 도리를 깨치기는커녕 도리어 도리를 망각하게 된다면 '인불구'의 불행이 계속될지 모른다. 그런 불행을 막으려면 어른들이 때로는 이렇게 한마디씩 해주어야 한다.

"얘, 밥도 맛있게 먹었으니 후식으로는 너희들이 사 주는 차 한번 맛보고 싶구나."

"지난번에 네가 힘든 것을 알았지만 일부러 모른 척했단다. 이 정도는 너 혼자서 해낼 수 있을 것 같아서 말이야. 그런데 역시나 정말 잘해내더구나. 네가 내 제자라는 게 참 자랑스러워."

'눈이 보배'라는 말이 있지만 경험에 비춰 보면 대개의 경우는 '입이 보배'다. 말 안하면 귀신도 모른다 하지 않던가. 가르치지 않으면 알기 어려운 법이다. 아랫사람을 가르치지 않고 돕기만 하면서 계속 서운해하지 말고, 그때그때 속 시원히 말을 하자. 머리도 점점 세어 가는데 아직도 말을 못했다면 대체 언제 말해 볼 것인가.

그것이 바로 돌고 도는 이치

"사주(四柱)가 관상(觀相)만 못하고, 관상이 심상(心相)만 못하다"라는 말이 있다. 대체로 사주팔자는 운명으로 받아들여진다. "아이고, 내 팔자야!"라고 외칠 때는 그 불가피성을 받아들인다는 뜻이다. 그런데 그런 팔자가 관상만 못하다니 무슨 말일까.

관상은 얼굴에 드러난 이미지다. 얼굴 역시 태어날 때부터 일정한 틀을 가지고 나는 것이지만 얼굴에는 살아온 동안의 흔적이 쌓이게 된다. 사주가 출생기록이라면 관상은 거기에 출생 이후의 생활기록까지 덧붙은 셈이다. 그러니 생활기록이 훌륭한 사람은 출생기록의 문제쯤은 쉽게 이겨낼 수도 있다는 뜻이다.

그렇다면 심상은 또 무엇인가? 세상 모든 것은 관계에 의해 이루어진다. 사람과 사람, 사람과 일, 사람과 재물이 다 그러한 관계 가운데 하나다. 그 관계에서 마음을 어떻게 쓰느냐에 따라 내게 돌아올 몫은 변할 수밖에 없다. 마음 쓰기에 따라 그 몫이 줄기도 하고 늘기도 하는 것이다. 이렇게 본다면 심상은 곧 그 사람의 미래다.

사주팔자가 출발선상의 정해진 몫이었다면, 관상은 그 몫을 가지고 지금까지 운영해 온 실적이고, 심상은 그 둘을 종합해서 앞으로 거두어들일 실적의 예상치인 셈이다.

옛날, 어떤 가난한 과부가 살았다. 딱히 먹고살 방도가 없었는데 소문에 듣자하니 섬을 오가며 장사를 하면 돈을 벌 수 있다고 했다. 과부는 어렵사리 빚을 내서 섬으로 들어가려 했다. 거기에서 해산물을 싼값에 사다가 뭍에 내다 팔 요량이었다. 그러나 섬으로 가던 도중에 그만 돈 보따리를 잃어버리고 말았다.

"어이쿠, 내 보따리! 이를 어쩐담."

장사는 고사하고 빚만 지게 되었으니 과부는 하늘이 노랬다.

마침 길을 가던 어떤 노인이 과부의 돈 보따리를 주웠다. '이렇게 큰돈이 들었다면 무슨 사연이 있을 텐데 참 큰일이군.' 노인은 돈을 잃어버린 뒤 애태울 누군가를 생각하며 그 자리에 꼼짝 않고 반나절을 기다렸다. 과부는 오던 길을 되돌아가며 보따리를 찾던 중 다행히 노인을 만났고 덕분에 보따리를 찾을 수 있었다.

"정말 고맙습니다. 이 은혜를 어떻게 갚아야 할까요."

과부는 기쁜 나머지 눈물이 다 나왔다.

"이렇게 주인을 찾았으니 다행입니다. 어디 가시던 길 같은데 살펴 가시지요. 보따리 잘 챙기시고요."

노인은 기다린 보람이 있다며 웃으며 말했다.

이리하여 과부는 돈 보따리를 다시 품에 안고 나루에서 배를 타게 되었다. 한참 배를 타고 가는 중에 청년 하나가 발을 헛디뎌 물에 빠지고 말았다. 배에 탔던 사람들은 발을 동동 구르며 안타까워했지만 너무 깊은 바다여서 아무도 구하려들지 않았다. 과부도 허우적거리는 청년을 보고 있자니 바짝 애가 탔다.

"빨리 구하지 않으면 저 청년은 죽고 말거예요. 누구 구할 사람 없어요? 청년을 구해 준다면 이 보따리에 있는 돈을 몽땅 드릴게요."

그제야 누군가 나서서 청년을 구해냈다. 과부는 약속대로 청년을 구한 사람에게 보따리의 돈을 모두 주었다. 일단 사람 목숨부터 구하고 보자는 마음에 그런 제안을 했지만 빈털터리가 되고 보니 참 난감했다. 이제 장사를 할 수도 없고 빚쟁이가 기다리고 있을 집으로 돌아갈 수도 없었다.

목숨을 건진 청년은 과부의 사정을 알게 되었다.

"저를 구하려고 가진 돈을 몽땅 주셨다고 들었습니다. 생명의 은인에 대한 보답을 하고 싶으니 저희 집으로 함께 가시지요."

별다른 수가 없던 과부는 청년을 따라 그의 집으로 갔다. 그런데 놀랍게도 그 청년은 과부의 돈을 찾아 준 노인의 3대 독자였다.

"아니, 이렇게 다시 만나게 되다니요!"

노인은 아들에게 사정을 전해 듣고 무척이나 고마워했다. 과부 역시 사람의 인연이란 게 참 신기하구나 싶었다. 청년은 아버지께 과부를 새어머니로 모시고 싶다고 권했고 아버지도 그 뜻을 받아들였다. 과부는 새로 만난 남편의 사랑과 의붓 아들의 극진한 효도를 받으며 행복하게 잘 살았다.

돌고 도는 게 돈이라지만 그 속성을 이렇게 잘 드러낸 옛이야기도 흔치 않겠다. 돈이 여러 바퀴를 돌면서 모든 문제가 말끔하게 해결됐다. 과부에게는 먹고살 방도가 생겼고, 노인에게는 돈보다 귀한 아들의 목숨을 구하게 됐으며, 아들에게는 따뜻한 심성의 어머니가 생겼으니 말이다.

그 복의 발단은 노인이 돈 보따리를 줍는 큰 횡재 앞에서도 돈에 담겨 있을 '어떤 사연'을 생각했고, 과부는 제 돈의 가치보다 '죽어가는 목숨을 살리는 것'부터 생각했기 때문이다. 둘이 처한 상황은 달랐지만 눈앞의 이익만 좇지 않았다는 점에서는 조금의 차이도 없다. 구사일생으로 살아난 아들이 그 과부를 새어머니로 맞는 것이나 과부와 노인이 서슴없이 재혼하는 이유 또한 상대의 그러한 심성에 대한 믿음에서 비롯되니 말이다.

  이 이야기는 그렇게 보답을 바라지 않고 자신의 무언가를 포기하며 누군가를 도울 때, 포기한 그 무엇이 돌고 돌아 더 큰 것이 되어 자신에게 되돌아올 것임을 확인시켜 준다. 내가 포기한 천 냥이 열 바퀴를 돌면 만 냥이 되고 그것이 다시 열 바퀴를 돌면 십만 냥이 된다. 세상에 이렇게 남는 장사가 또 어디 있을까. 설령 내게 되돌아오지 않더라도 그것이 세상을 돌고 돌아 더 좋은 세상을 만들 것이니 분명 아름다운 일이다.

  워런 버핏 같은 투자의 귀재가 만약 사람에게 투자한다면 대체 그 사람의 무엇을 보고 투자할까? 보나마나 심상일 것이다. 사주를 보고 투자하면 하수이고, 관상을 보고 투자하면 중수이며, 심상을 보고 투자하면 고수이다. 또한 과거만 보면 하수요, 현재도 보면 중수요, 미래까지 보면 고수이다. 심상, 그 안에 모든 답이 들어 있다.

강물을 건너려거든 물결과 같이 흘러라

1판 1쇄 인쇄 2010년 5월 10일
1판 1쇄 발행 2010년 5월 17일

지은이 이강엽

발행인 양원석
편집장 박선영
책임편집 장민형
일러스트 김미선
영업 마케팅 정도준, 김성룡, 윤석진, 백창민, 이택수

펴낸 곳 랜덤하우스코리아(주)
주소 서울시 강남구 삼성동 159 오크우드호텔 별관 B2
편집문의 02-3466-8844 **구입문의** 02-3466-8955
홈페이지 www.randombooks.co.kr
등록 2004년 1월 15일 등록 제2-3726호

ISBN 978-89-255-3804-4 (03810)

※ 이 책은 랜덤하우스코리아(주)가 저작권자와의 계약에 따라 발행한 것이므로
  본사의 서면 허락 없이는 어떠한 형태나 수단으로도 이 책의 내용을 이용하지 못합니다.
※ 잘못된 책은 구입하신 서점에서 바꾸어 드립니다.
※ 책값은 뒤표지에 있습니다.